Einsterns Schwester

Themenheft 4

Lesen – mit Texten und
weiteren Medien umgehen

Herausgegeben von
Roland Bauer, Jutta Maurach

Erarbeitet von
Marion Bauer, Neuburg an der Donau
Karin Leopold, Erding

Auf der Grundlage der Ausgabe von
Wiebke Gerstenmaier
Sonja Grimm

Cornelsen

Inhaltsverzeichnis

Ich bin Lola und ich helfe dir.

So kannst du mit den Heften arbeiten

Du machst alle
Seiten der Lernportion **1**:

zuerst im
grünen Heft,

dann im
roten Heft,

dann im
gelben Heft

und dann im
blauen Heft.

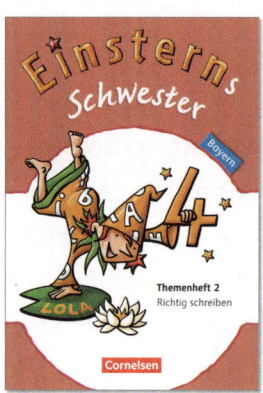
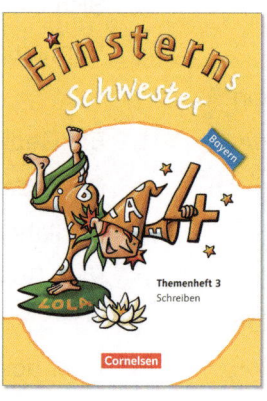

Danach machst du in
allen Heften die Lernportion **2**.

Nun machst du in
allen Heften die Lernportion **3**.

Genauso bearbeitest du
alle anderen Lernportionen.

1 Kreuz und quer lesen

1 Finde in jedem Wort den Anfangsbuchstaben. Folge den Linien mit den Augen. Schreibe das Lösungswort auf.

Ein Wort, das von vorne und von hinten gelesen gleich bleibt, heißt Palindrom. Findest du es?

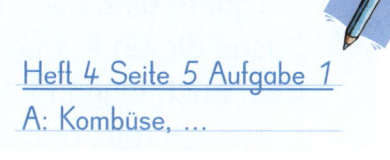

Heft 4 Seite 5 Aufgabe 1
A: Kombüse, ...

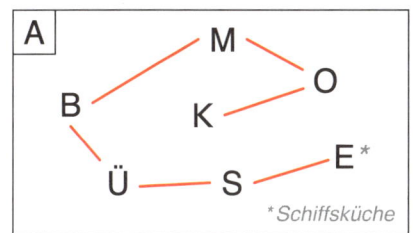

A M O K E* Ü S B
Schiffsküche

B CK R B Ü E*
Arbeitsplatz des Kapitäns

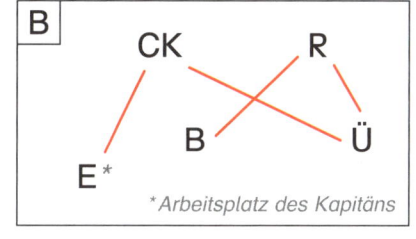

C L — E — R I — N G*
Geländer

D E SCH AU R B

E A K* K J A
Paddelboot

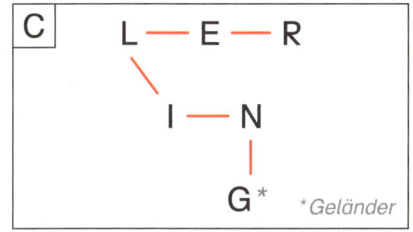

F K E P O N* H L L N Z L A
Holzbretter

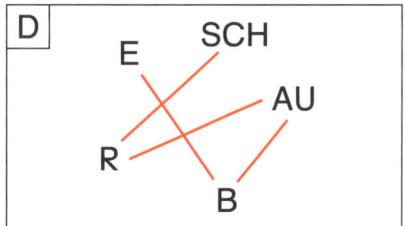

G G — L I FF SCH O S CK E

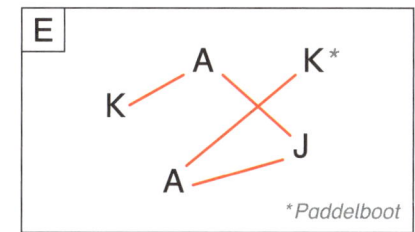

H R A R ST D E EU E

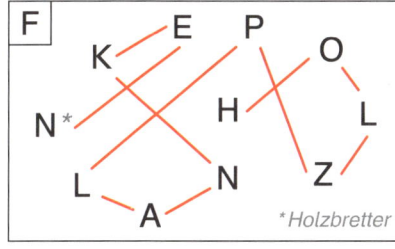
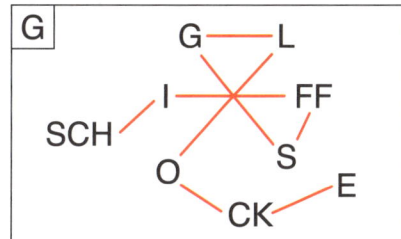
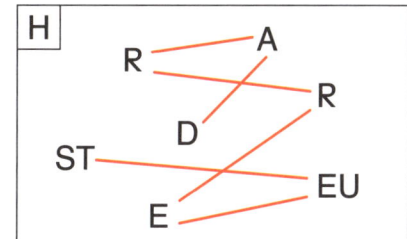

2 Folge den Pfeilen und lies Wort für Wort.
Übe so lange, bis du die Wörter fehlerfrei lesen kannst.

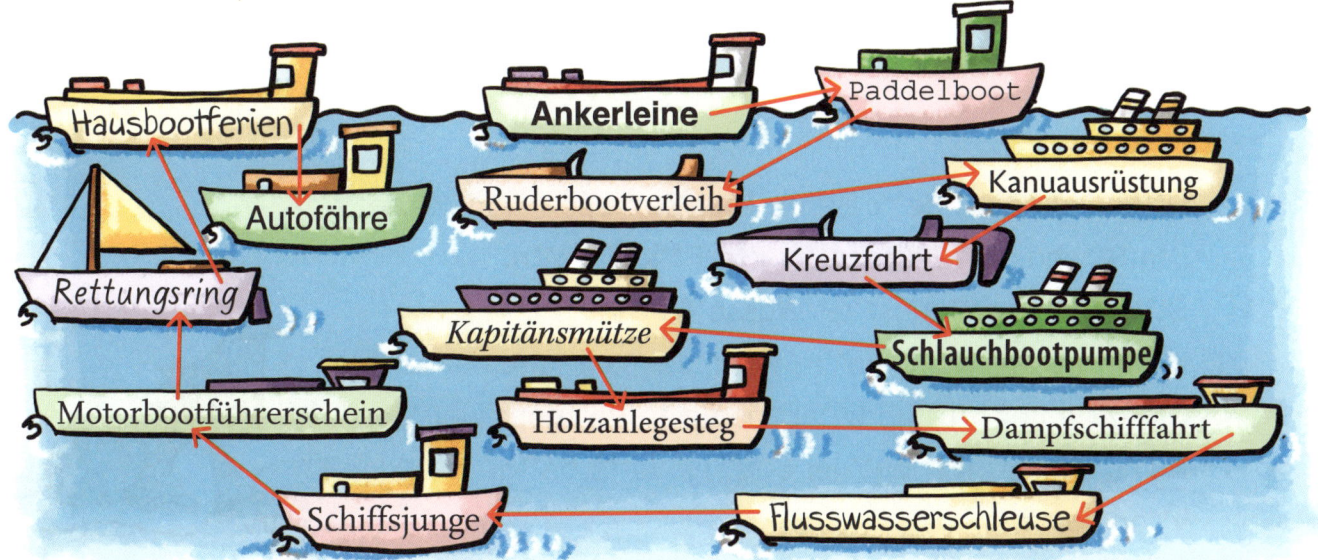

Hausbootferien · Autofähre · Ankerleine · Paddelboot · Ruderbootverleih · Kanuausrüstung · Kreuzfahrt · Rettungsring · Kapitänsmütze · Schlauchbootpumpe · Motorbootführerschein · Holzanlegesteg · Dampfschifffahrt · Schiffsjunge · Flusswasserschleuse

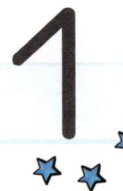

1 Im Flüstersitz lesen

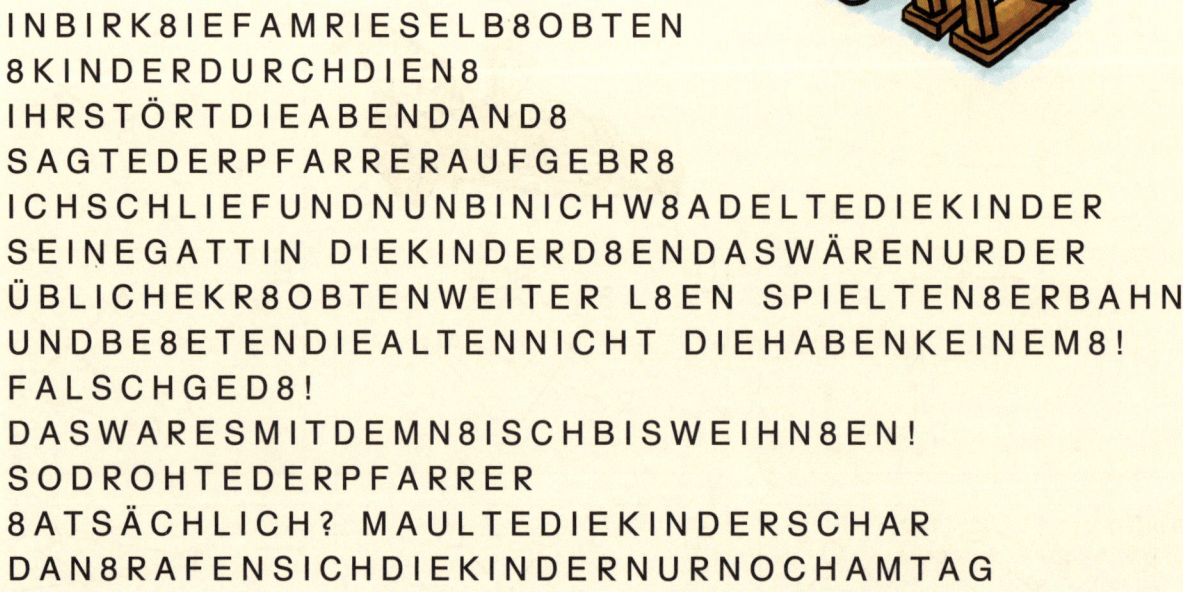

1 Entziffere einen der Texte leise für dich.
Suche dir ein Partnerkind.
Baut euch einen Flüstersitz wie im Bild.
Lest euch den Text abwechselnd vor.

```
INBIRK8IEFAMRIESELB8OBTEN
8KINDERDURCHDIEN8
IHRSTÖRTDIEABENDAND8
SAGTEDERPFARRERAUFGEBR8
ICHSCHLIEFUNDNUNBINICHW8ADELTEDIEKINDER
SEINEGATTIN DIEKINDERD8ENDASWÄRENURDER
ÜBLICHEKR8OBTENWEITER L8EN SPIELTEN8ERBAHN
UNDBE8ETENDIEALTENNICHT DIEHABENKEINEM8!
FALSCHGED8!
DASWARESMITDEMN8ISCHBISWEIHN8EN!
SODROHTEDERPFARRER
8ATSÄCHLICH? MAULTEDIEKINDERSCHAR
DAN8RAFENSICHDIEKINDERNURNOCHAMTAG
```

AlleLebewesenaufderErde,Pflanzen,TiereundMenschensindaufWasserangewiesen.
OhneWassergibteskeinLeben.LängeralsvierbisfünfTagekanneinMenschohneWasser
nichtüberleben.PflanzenbrauchenWasserzumWachsen.
WasserkannverschiedeneFormenannehmen:denfestenZustand(alsEisoderSchnee),
denflüssigenoderdengasförmigenZustand(alsWasserdampf).

Ü**ber**all au**f de**r Er**de i**st Wa**sser: i**m M**ee**r,
i**n S**een, i**n Bä**che**n, i**n F**lüs**se**n.
St**än**dig ver**duns**tet Wasse**r.
Kl**ei**ne un**sicht**ba**re Was**ser**teil**chen st**ei**gen
i**n d**ie Luf**t u**nd w**er**den z**u Re**gen**wol**ken.
Au**s de**ne**n r**eg**net e**s. Al**le**s be**g**innt
v**on vor**ne.

1 Suche dir ein Partnerkind.

a) Lest euch den Text gegenseitig vor.

b) Lest den Text leise **gemeinsam** im Chor.

c) Lest den Text **abwechselnd:** Ein Kind beginnt zu lesen und hört an einer beliebigen Stelle auf. Das andere Kind liest nun weiter und stoppt ebenfalls an einer beliebigen Stelle, und so weiter.

Lewis[1] – der amerikanische Stiefvater

An den jüdischen Feiertagen ist Lewis traurig, dass er sie nicht bei seiner Familie in New York[2] verbringen kann. Seine Eltern, Geschwister, die Schwägerin und seine kleine Nichte Madelyn[3], alle sitzen dann am großen Glastisch zusammen und essen: *Bagels*[4] mit Frischkäse, geräucherten Lachs, Eier- und Auberginensalat und dazu koffeinfreien Kaffee, auch für die Kinder. Einmal im Jahr fastet Lewis, aber nur für einen Tag, an Jom Kippur, dem jüdischen Versöhnungstag. An diesem und an den zehn Tagen zuvor soll man sich mit allen vertragen, mit denen es zuvor Streit gegeben hat. An diesem Tag erinnert man sich auch an die Verstorbenen. Maike und Yunus sind einmal an Jom Kippur mit Lewis in die Synagoge[5] in Prenzlauer Berg[6] gegangen. In der Synagoge setzten sich alle Männer ein Käppi auf. Und für die, die kein eigenes hatten, gab es am Eingang welche aus Papier.

„Das heißt Kippa", sagte Lewis und nahm sich eins. Yunus wollte sich gleich einen ganzen Haufen nehmen, aber Maike legte sie zurück.

Yunus fragte Lewis: „Warum muss man sich das aufsetzen?"

„Aus Respekt vor Gott. Damit man sich erinnert, dass man selbst klein und nur Gott groß ist."

„Aber das weißt du nicht, ob Gott größer ist. Er ist doch unsichtbar."

„Ja, schon … Aber du weißt es auch nicht."

Yunus erwiderte: „Es kommt darauf an, was man glaubt, oder? Glaubst du an Gott?"

„An manchen Tagen."

„Ich glaube auch manchmal an Gott. Zum Beispiel wenn er es schneien lässt, obwohl schon Frühling ist, damit die Kinder sich freuen."

Viele Leute waren in der Synagoge. Die Frauen saßen mit den Kindern links und die Männer rechts. Vorn sangen der Kantor[7] und ein Chor. Sie sangen auf Hebräisch.

Anja Tuckermann

---

1 sprich: Luis
2 New York: große Stadt in Nordamerika, sprich: Nju Jork
3 sprich: Mäddelin
4 Bagels: rundes Gebäck aus Hefeteig, sprich: Bejgls
5 Synagoge: Gotteshaus der jüdischen Gemeinde, sprich: Sünagoge
6 Prenzlauer Berg: Stadtteil in Berlin
7 Kantor: Vorsänger

1 Zusammenhänge erkennen

1 Ordne jedem Text das passende Bild zu.
So erhältst du ein Lösungswort.

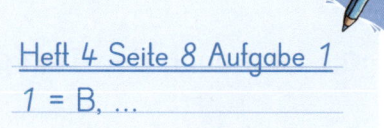

Heft 4 Seite 8 Aufgabe 1
1 = B, ...

ein weißes Gummibärchen, ein grünes Gummibärchen, ein gelbes Gummibärchen, ein blauer Gummibert, aber kein rotes Gummibärchen **1**	 E  C
ein weißes Gummibärchen, ein rotes Gummibärchen, ein grünes Gummibärchen, ein gelbes Gummibärchen, aber kein Gummibert **2**	
ein lila Gummibert, ein rotes Gummibärchen, ein grünes Gummibärchen, ein weißes Gummibärchen, aber kein gelbes Gummibärchen **3**	 B  E
ein grünes Gummibärchen, ein weißes Gummibärchen, ein rosa Gummibert, ein rotes Gummibärchen, aber kein gelbes Gummibärchen **4**	
ein grünes Gummibärchen, ein rosa Gummibert, ein rotes Gummibärchen, ein gelbes Gummibärchen, aber kein weißes Gummibärchen **5**	 N  A
ein weißes Gummibärchen, ein rotes Gummibärchen, ein gelbes Gummibärchen, ein lila Gummibert, aber kein grünes Gummibärchen **6**	
ein blauer Gummibert, ein gelbes Gummibärchen, ein rotes Gummibärchen, ein grünes Gummibärchen, aber kein weißes Gummibärchen **7**	 H  R
ein grünes Gummibärchen, ein weißes Gummibärchen, ein oranger Gummibert, ein gelbes Gummibärchen, aber kein rotes Gummibärchen **8**	

8   Lernportion 1: Lesen trainieren

Mit Augengymnastik das Lesen verbessern

1 Lies die Zeilen.
Schreibe auf, wie viele Wörter du in jeder Zeile zählst.

Heft 4 Seite 9 Aufgabe 1
Zeile 1: … Wörter
Zeile 2: …

1 THOMASPAULASABINEYANNIKLEONSOFIEMAXJASNA

2 DEUTSCHRELIGIONSPORTMATHEMUSIKLESENRECHNEN

3 **EUROPAASIENAMERIKAKONTINENTATLANTIKMITTELMEERANTARKTISAUSTRALIEN**

4 *blaurotgrünlilaorangegelbschwarzgraubraunweißpinkgelbrosa*

5 schönschnelllautfröhlichleiselangweiligneugierigjungfrechgroßneu

6 A N A N A S A P F E L B I R N E E R D B E E R E T R A U B E M A N G O Z I T R O N E

7 BUSSCHIFFBAHNAUTOROLLERMOTORRADZUGEINRAD

2 Suche dir ein Partnerkind. Vergleicht eure Ergebnisse von **1**.
Erfindet selbst eine solche Wörterschlange und lasst sie von anderen Kindern lösen.

3 Lies den Text zügig.
Setze die vorgegebenen Wörter ein.

Baustelle	errichtet	Glaser
Wissen	Bier	dazu	Vorführungen
pflegen	Gebäude	erhalten

In der Nähe von Bad Windsheim in Franken findest du ein großes Freilichtmuseum.
Dort wird den Besuchern vermittelt, wie die Bevölkerung dieses Landstriches
früher gelebt hat. Mittlerweile kannst du dort über 100 ▢ besuchen, die an ihrem
ursprünglichen Ort abgebaut und im Gelände des Freilichtmuseums wieder ▢ wurden.
Und es kommen immer weitere Häuser ▢ !

Beliebt sind die verschiedenen Schauvorstellungen im Museum:
In einem alten Brauhaus wird jeden Tag ▢ gebraut, auf einer historischen ▢
zeigen Handwerker, wie Schreiner, Zimmerleute, Steinmetze und ▢ früher
gearbeitet haben. Das ▢ dieser Menschen wird aber nicht nur für die ▢ benötigt,
sondern auch, um das Museum selbst zu ▢ und zu ▢ .

Einen Stolperwörtertext lesen und verstehen

1 Lies den Text.
In jedem Satz ist ein falsches Wort versteckt.
Schreibe es in dein Heft.
Es ergibt sich ein Lösungssatz.

Heft 4 Seite 10 Aufgabe 1
Wenn ...

Die Königslibelle

Die Königslibelle ist wenn die größte Libelle in Mitteleuropa, also auch bei uns
in Bayern. Wenn sie ihre zwei Flügelpaare ausbreitet, misst sie du bis zu
elf Zentimeter. Der lange, dünne Körper sehr ist etwa acht Zentimeter lang.
Die Brust ist bei Männchen und Weibchen leuchtend olivgrün gut. Der lange
Hinterleib ist bei den männlichen Königslibellen hellblau mit aufpasst einem
schwarzen Längsband am Rücken. Findest die riesigen Facettenaugen sind
blaugrün. Das Weibchen besitzt dagegen einen blaugrünen Hinterleib du und
gelblich-grüne Augen. Das Längsband am bestimmt Rücken ist breiter als
beim Männchen und braun.

Die Königslibelle hast du sicher schon einmal beobachten können, denn sie ist
recht häufig alle anzutreffen. Ihre bevorzugte Heimat sind stehende hier Gewässer
wie Seen oder Tümpel. Auf der Jagd nach Fliegen, Mücken, Schmetterlingen und
anderen Libellenarten ist sie aber auch weit super vom Wasser entfernt unterwegs.

Sie ist versteckten rasend schnell. Außerdem und kann sie ihre Flügelpaare
getrennt voneinander bewegen. Das macht den Flug der Libelle so „nervös",
da sie von einer Millisekunde auf die andere ihre Flugrichtung ändern echt kann.
Die Libelle jagt ausschließlich im Fliegen, nur zum Fressen lässt sie sich
gemeinen nieder. Sie Stolperwörter fliegt zwischen Juni und August.

2 Suche dir ein Partnerkind.
Zeichnet eine männliche und eine weibliche Libelle nach der Beschreibung.

3 Suche dir mit deinem Partnerkind weitere Kinder.
Vergleicht eure Zeichnungen.
Findet die Gemeinsamkeiten und Unterschiede.
Sucht in einem Buch oder im Internet
ein Bild von der Königslibelle.

4 Schreibe auf, welche Leseübungen dir bisher
besonders leicht oder besonders schwer gefallen sind.

1 Lange und schwierige Wörter lesen

1 Lies den Text. Übe die langen Wörter.

Kannenwannensonnenbrunnen

1 In einem Dorf befand sich ein Brunnen. Er war so weit ab von allen Häusern

2 und Bäumen, dass er nie Schatten bekam. Deshalb wurde er der *Sonnenbrunnen*

3 genannt.

4 Da sich die Leute der Umgebung aus dem *Sonnenbrunnen* mit Kannen

5 und Wannen ihr Wasser holten, nannten sie ihn auch den

6 *Kannenwannensonnenbrunnen.*

7 Der *Kannenwannensonnenbrunnen* hatte die Form eines mittelalterlichen

8 Burgturms, und aus den Zinnen plätscherte das Wasser heraus. Es plätscherte

9 in steinerne Rinnen hinein und versickerte dann. Ein Heimatforscher nannte

10 den Brunnen deshalb den *Kannenwannenzinnenrinnensonnenbrunnen.*

11 Da die Schwäne und Hühner am *Kannenwannenzinnenrinnensonnenbrunnen*

12 zu trinken pflegten, wurde er bald *Kannenwannenzinnenrinnenschwanenhahnen-*

13 *sonnenbrunnen* genannt.

14 Wegen dieses Namens gab es im Dorf Streit. Einige Leute meinten, er sollte

15 lieber *Kannenwannenzinnenrinnenschwanenhennensonnenbrunnen* heißen.

16 Eine dritte Person war wieder ganz anderer Meinung. Sie trat für den Namen

17 *Kannenwannenzinnenrinnenschwanenhühnersonnenbrunnen* ein.

18 Nach langem Streit einigte man sich gütlich auf den Namen

19 *Kannenwannenzinnenrinnenschwanenhahnenhennenhühnersonnenbrunnen.*

Manfred Bartz

2 Suche dir Kinder für die Gruppenarbeit.
Schreibt alle Brunnennamen bis Zeile 13 auf Kärtchen
und lest sie euch gegenseitig vor.

3 Verteilt die Kärtchen der Brunnennamen
untereinander. Malt den Brunnen
genauso, wie es sein Name beschreibt.
Bringt die Karten und Bilder dann
in die richtige Reihenfolge.
Ihr könnt auch ein Brunnen-Leporello
basteln.

Ein Leserätsel lösen

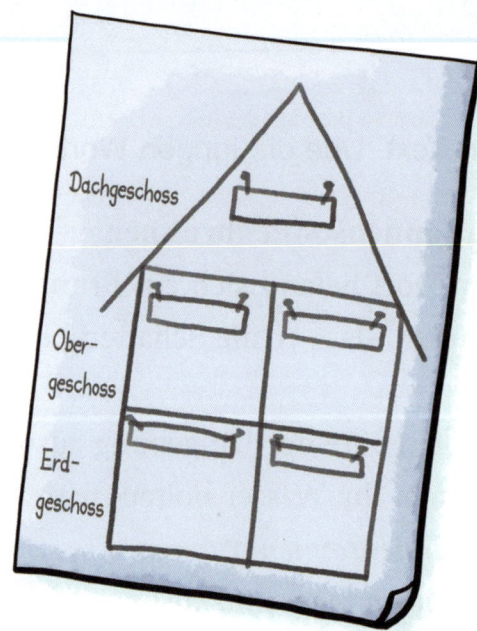

1 Zeichne auf ein DIN-A4-Blatt das Haus groß auf. Trage die Beschriftung daneben ein.

2 Lies die Sätze genau durch. Zeichne die Instrumente und Tiere richtig in das Haus ein. Schreibe die Namen der Bewohner auf die Namensschilder.

✦ Die Bewohner des Hauses heißen Böhl, Braun, Malinsky, Paschulte und Hinz.

✦ Herr Böhl kann keine Treppen steigen.

✦ Die Wohnung mit der Katze ist nicht neben der Wohnung mit der Schildkröte.

✦ In der Erdgeschosswohnung unten links steht ein Vogelkäfig.

✦ Herr Hinz wohnt im Obergeschoss, aber nicht über Herrn Böhl.

✦ Die Wohnung mit den Fischen ist direkt über den Wohnungen mit der Katze und dem Hund.

✦ Außer dem Dirigenten spielen die Herren des Hauses Klavier, Gitarre, Geige und Trompete.

✦ In der Erdgeschosswohnung unten rechts wohnt Herr Paschulte.

✦ Herr Malinsky liebt Katzen.

✦ Herr Braun hat ein Aquarium.

✦ Herr Paschulte mag keine Saiteninstrumente.

✦ Der Herr in der Dachwohnung spielt Klavier.

✦ Der Bewohner der rechten Obergeschosswohnung spielt nicht Geige und nicht Trompete.

✦ Herr Böhl ist Dirigent.

> Finde **den eindeutigen Satz**, mit dem du beginnen kannst. Decke erledigte Sätze mit Stiften ab.

Den Lesefortschritt feststellen

 1 Suche dir ein Partnerkind. Lest den Text an jedem Wochentag zusammen.
Stellt eine Tabelle her, in der ihr eure Ergebnisse eintragen könnt.
Gebt euch gegenseitig Rückmeldungen zu euren Lesefortschritten.

Heft 4 Seite 13 Aufgabe 1

Tag	Montag	Dienstag	Mittwoch	Donnerstag	...
Zeit	... Sekunden				
Fehler	... Fehler				

Pekka

Pekka hatte kleine Verwachsungen an den Händen und Füßen.
Er hatte auch einen schiefen Kopf. Das heißt, der Kopf war nicht schief,
er saß nur schief auf den Schultern. Und mit seinen Augen stimmte auch etwas nicht.
Leicht hatte es Pekka in der Schule nicht.
Das änderte sich erst, als er in den Brunnen fiel.
Auf einem Grundstück hinter der Schule stand ein altes verfallenes Holzhaus, und
vor dem Haus befand sich ein alter Brunnen. Die Kinder suchten oft nach der Schule
das Grundstück auf, um dort Verstecken zu spielen.
Einmal ist Pekka mitgegangen. Als alle losrannten um sich zu verstecken, stand
Pekka in der Nähe des Brunnens; jemand gab ihm einen Schubs, und er fiel hinein.
Unten lag ein Teil eines schweren Eisendeckels. Pekka schlug mit der Stirn auf den
Deckel und wurde ohnmächtig.
Die Kinder hatten große Angst. Sie konnten ihn nicht allein aus dem Brunnen
herausbekommen. Einige liefen zur Schule und holten den Hausmeister. Pekka
war blutüberströmt, als er ihn aus dem Brunnen zog. Die Wunde wurde genäht,
und er bekam einen dicken Verband um die Stirn.
Die Lehrerin stellte die Kinder zur Rede.
„Wer war es?", fragte sie empört. „Wer hat Pekka in den Brunnen geschubst?"
Alle schüttelten die Köpfe.
„Pekka, sag du es!", mahnte die Lehrerin.
Pekka schüttelte den Kopf. „Ich weiß es nicht. Ist doch egal. Ich habe keine Kopf-
schmerzen. Die Operationen im Kinderschloss haben viel mehr wehgetan."
Seitdem hatte er keine Schwierigkeiten mehr in der Schule. Er hatte einen Freund in
seiner Klasse gewonnen. Das war der große und starke Julle, vor dem alle Respekt hatten.
„Es war bestimmt Julle, der dich hineingeschubst hat?", sagte Tuomo.
„Kann sein", sagte Pekka und lächelte verschmitzt.
„Ich weiß es nicht, aber er weiß es vielleicht."

Marjaleena Lembcke

2. Mit einem Lexikon arbeiten

1 Finde heraus, welche vier Begriffe auf dieser Lexikonseite erklärt werden.

A

    ist eigentlich die Abkürzung für   mobil, das heißt Selbstbeweger. Carl Benz und Gottlieb Daimler hatten es gleichzeitig, im Jahr 1886, geschafft: Sie bauten jeder ein Fahrzeug, das nicht mehr von Pferden gezogen werden musste. Es brauchte keine Schienen wie die schweren Dampflokomotiven, die es schon vorher gab. Der Benz-Motorwagen war noch ein Dreirad. Viele Leute hielten ihn anfangs für Zauberspuk.

B

    : Wenn bei einem Musikfest ein bekannter Sänger auftritt, bitten Fans ihn um ein   , das heißt um eine eigenhändige Unterschrift. Auch Sportler, Filmschauspieler und Schriftsteller werden um   e gebeten. Leute, die   e sammeln, nennt man   -jäger.

C

    : Ein   ist eine → Maschine, die ohne menschliches Eingreifen eine Arbeit verrichtet.   en begegnen uns in vielen Formen, z. B. Kaugummi en, Computer oder sogar   en, die Autos zusammenbauen.

D

    : Ein   schreibt Texte und Bücher. Niemand darf seine Schriftstücke veröffentlichen, ohne den Namen des   s zu nennen. Auch den Verfasser von Musikstücken nennt man   .

Heft 4 Seite 14 Aufgabe 1
A: Auto
B: ...

2 Schreibe für jeden Begriff ein anderes Wort mit gleicher Bedeutung oder eine kurze Erklärung auf.

Heft 4 Seite 14 Aufgabe 2
A: Pkw

3 Wähle einen Begriff. Schreibe einen eigenen Lexikontext. Lies ihn einem Partnerkind vor und hole dir Rückmeldung.

| Pippi Langstrumpf | Fingerabdruck | Dirigent | ... |

Heft 4 Seite 14
Aufgabe 3
...

4

Ein Mhmhmh ist jemand, der von Leuten privat beauftragt wird, Dinge über Personen herauszufinden oder sie zu überwachen.

Ein Detektiv.

2. Einen Zeitungsartikel lesen und verstehen

1 Lies den Zeitungsartikel mit den markierten Lupenwörtern.

Verfängliche Linien

Jeder Fingerabdruck ist einzigartig – doch warum haben die Finger überhaupt Rillen?

VON REGINE WARTH

Diese Linien und Buchten, Schlaufen und Rillen sind einzigartig – und damit sehr verräterisch. Jeder Mensch kann an den sogenannten Papillarlinien an seinen Fingern und auf der Handinnenfläche ausgemacht werden. Das ist der Grund, warum beispielsweise Diebe Handschuhe tragen, wenn sie etwas stehlen – damit ihnen keiner auf die Schliche kommt. Erst recht nicht die Polizisten, die an Tatorten vor allem nach einem suchen: nach verräterischen Fingerabdrücken. Schuld an dem verfänglichen Muster der Finger, das jeder Mensch auf allem hinterlässt, was er anfasst, ist eine Mischung aus Schweiß, Fett und Talg. Wie Stempel drücken die Finger bei jeder Berührung diese fast unsichtbare Mischung auf Türklinken, Stuhllehnen und Becher – und damit auch das Muster der Fingerrillen. Es braucht lediglich etwas Rußpulver, das Polizisten mit einem Pinsel auftragen, um den Abdruck sichtbar zu machen. Denn das Gemisch aus Talg und Schweiß wirkt wie ein Klebstoff, an dem das feine Pulver hängen bleibt. So braucht die Polizei nur vergleichen, zu welchem Langfinger der Abdruck passt.

Die Muster eines jeden Fingers sind einmalig, man kann sie nur einem Menschen zuordnen

Daktyloskopie nennt sich das Fachwort für dieses Verfahren, was aus dem Griechischen übersetzt nichts anderes als „Fingerschau" bedeutet. Und an Vergleichen für diese Fingerschau mangelt es nicht: Das Bundeskriminalamt hat eine Fingerabdruck-Sammlung von mehr als drei Millionen Personen. Doch so einfach das Verfahren eigentlich ist, die Menschen anhand ihrer Fingerabdrücke zu erkennen, so lange hat es gedauert, bis es überhaupt erst entdeckt wurde. Erst Ende des 19. Jahrhunderts, im Jahr 1888, bewies der englische Wissenschaftler Francis Galton die Einmaligkeit der Fingerrillen. Dank seiner Forschung war klar, wie gering die Wahrscheinlichkeit ist, dass sich die Fingermuster zweier Menschen gleichen können. Sie liegt bei 1 zu 64 Milliarden, also 1 : 64 000 000 000. Wissenschaftlich gesehen passiert das also nie. Ein Grund, warum manche Türen in großen Firmen oder Banken sich nur per Fingerabdruck öffnen lassen: Ein Computer fotografiert die Papillarlinien ab und gibt den Weg nur frei, wenn das Muster mit einem der gespeicherten Fingerabdrücke übereinstimmt.

Schuhe haben ein Profil, damit man nicht ausrutscht, auch die Fingerrillen geben mehr Halt

Jeder Finger hat seinen unverwechselbaren Abdruck, der sich auf keinem anderen Finger wiederholt – nicht mal auf denen der eigenen Hand. Inzwischen wissen Wissenschaftler, dass sich die Muster der Finger schon entwickeln, wenn der Mensch noch nicht mal auf der Welt ist, sondern noch als winziges Embryo im Bauch der Mutter liegt. Ob die Rillen sich gabeln, Schlaufen drehen oder zu Wirbeln werden, entscheidet sich rein zufällig. Eine Laune der Natur, sagen daher manche zu diesem Vorgang. Dabei hat sich die Natur schon etwas gedacht, als sie die Fingerkuppen mit einem Muster überzog. Wie Autoreifen oder Schuhsohlen ein Profil besitzen, um nicht ins Rutschen zu kommen, so haben auch die Finger dank ihrer Rillen einen sicheren Griff. Das war vor Jahrtausenden noch wichtig, als die Vorfahren der Menschen noch durch die Bäume turnten. Und auch heute kann jeder Zoobesucher die Griffsicherheit bewundern – wenn er vor dem Affengehege steht. Denn Schimpansen oder Gorillas haben ebenfalls Papillarlinien an Händen und Füßen.

Die Rillen loszuwerden ist unmöglich – sie wachsen wieder nach

Ohne diese Linien wären die Menschen zudem heute etwas weniger feinfühlig: Wissenschaftler haben nämlich herausbekommen, dass die Muster an den Fingerkuppen auch dazu dienen, feinste Unebenheiten zu ertasten. Unebene Finger sind einfach empfindlicher als glatte. Jedoch hat schon so mancher versucht, die Rillen einzuebnen – indem er sich die Fingerkuppen wegoperieren ließ. Einer soll sogar der berüchtigte amerikanische Ganove Al Capone gewesen sein. Ohne Fingerrillen, so dachte er sich wahrscheinlich, würde er nie überführt werden können. Doch im Gegensatz zur Polizei lässt sich die Natur nicht austricksen: Die Rillen wachsen nämlich unverändert nach.

2 Finde die Fremdwörter für die Erklärungen A und B im Text und schreibe sie richtig auf.

> **A** So heißen die einmaligen Rillen an den Fingern und auf den Handinnenflächen.

> **B** Das ist das griechische Fremdwort für das Verfahren, einen Fingerabdruck zu nehmen und zu untersuchen.

Heft 4 Seite 15
Aufgabe 2
A: ...
B: ...

3 Trage mithilfe der Lupenwörter anderen Kindern vor, was du in dem Artikel erfahren hast.

2 Das Internet nutzen

Wenn ich **mehr über ein Thema wissen** möchte, suche ich auch im **Internet** nach Informationen.
Ich gebe in die Adressleiste die Adresse einer Kindersuchmaschine ein.
Dann schreibe ich in das Eingabefeld meinen Suchbegriff.
Die Suchmaschine zeigt mir verschiedene Treffer (= Seiten) zu meinem Thema.

Ich Schlauberger
Meine Suche:
Go!

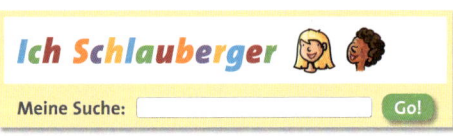

So könnte die Startseite einer Suchmaschine aussehen.

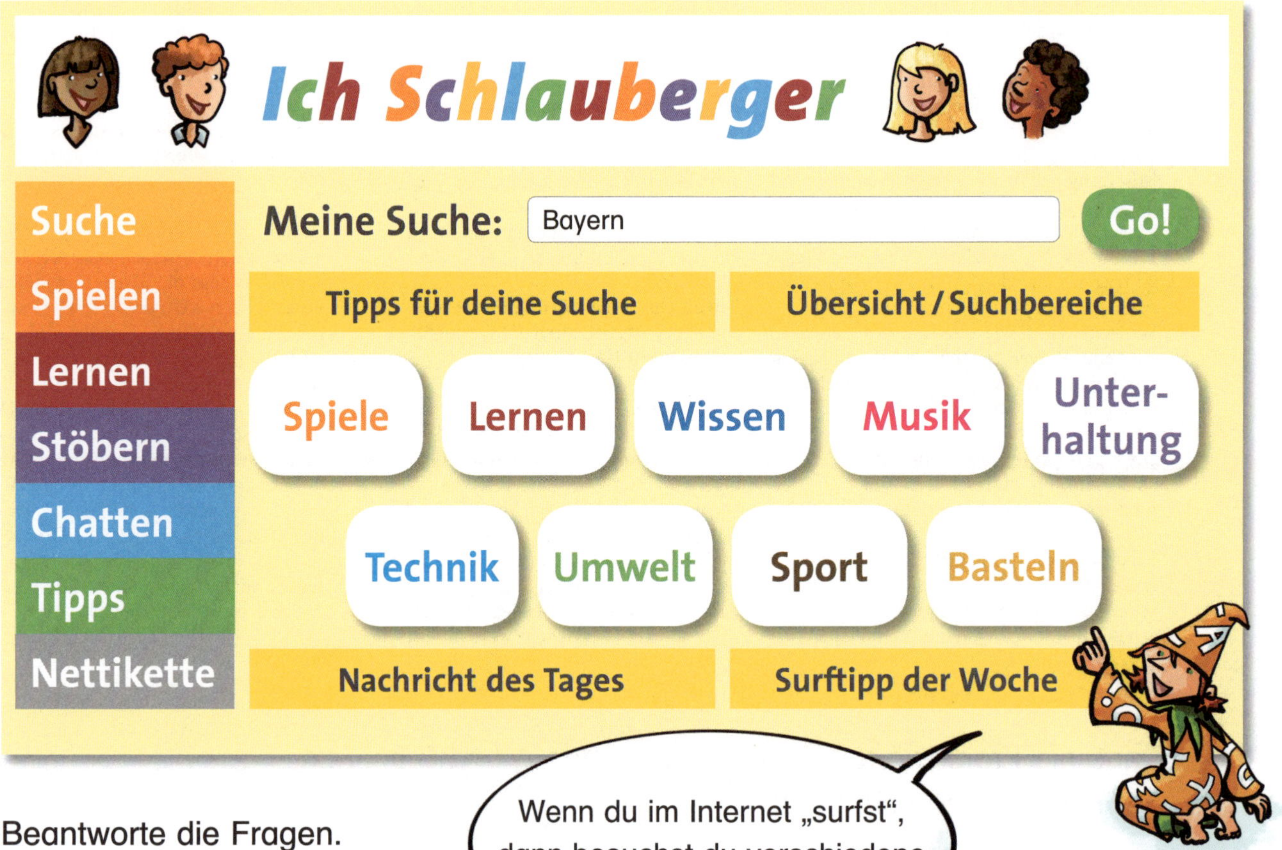

Ich Schlauberger
Suche
Spielen
Lernen
Stöbern
Chatten
Tipps
Nettikette
Meine Suche:
Bayern
Go!
Tipps für deine Suche
Übersicht / Suchbereiche
Spiele
Lernen
Wissen
Musik
Unter-haltung
Technik
Umwelt
Sport
Basteln
Nachricht des Tages
Surftipp der Woche

Wenn du im Internet „surfst“, dann besuchst du verschiedene Seiten (= Homepages).

1 Beantworte die Fragen.

a) Wie heißt die Suchmaschine?

b) Welche Felder könnte man anklicken, um Ideen für einen Spielenachmittag zu bekommen?

c) Unter welchen Überschriften könnte man Informationen über Ameisen finden?

d) Wie lautet der Suchbegriff, der in die Suchmaschine eingegeben wurde?

Heft 4 Seite 16 Aufgabe 1
a) Ich Schlauberger
b) ...

Hier siehst du einen Teil der Suchergebnisse.
Jede Überschrift ist ein Link, der zu einer neuen Internetseite führt.

Bayern und seine Könige   1

Ein Königreich, viele Könige.
Wie hießen sie? Wie lebten sie?
Erfahre mehr über die Welt
der Reichen und Mächtigen.
Mit Bastelbogen für das
Schloss Neuschwanstein.

Alter: ab 11

Wissenswertes über Bayern   2

Auf dieser Seite findest du
viele Informationen, Daten
und Fakten zum Freistaat.

Alter: ab 13 Jahren

Karotte / Rübe / Wurzel / Möhre   3

Hier erfährst du alles
über ein gesundes Gemüse,
das viele Namen trägt.
In Bayern nennt man es
zum Beispiel „Rübe" und
im Westen „Möhre".
Wo es „Wurzel" heißt,
erfährst du auf dieser Seite.

Alter: ab 6

Ausflugsziele in Bayern   4

Wohin soll es gehen?
Tipps für Ausflüge
für Kinder von Kindern.

Alter: ab 6

Dialekte in Bayern   5

Auf dieser Seite kannst du dir
verschiedene bairische Dialekte
anhören, bairische Redensarten
kennen lernen und dein eigenes
bairisches Wörterbuch erstellen.

Alter: ab 11

FC Bayern   6

Hör dir das Lied „Stern des
Südens" an, erfahre alles
über das Stadion, lies die
neuesten Nachrichten und
Berichte über den Club,
seine Spieler und seine Spiele.

Alter: ab 6

> Einen Link
> kannst du mit einem
> Klick der linken
> Maustaste aufrufen.

klick
klick

2 Schreibe die richtigen Nummern auf.

a) Welcher Link führt zu einem Lied?

b) Welcher Link führt zu einer Bastelanleitung?

c) Welche Links beinhalten Informationen
zu bairischen Dialekten?

d) Welche Links bringen keine Informationen zu Bayern?

e) Welche Links werden für deine Altersgruppe empfohlen?

Heft 4 Seite 17 Aufgabe 2
a) Link ...
b) ...

 3 Suche dir ein Partnerkind. Vergleicht eure Lösungen.

1 Suche dir zwei Partnerkinder. Lest die Überschriften.
Sprecht euch ab und teilt die drei Texte auf.

2 Lies
deinen Text
genau durch.

Startseite

Aktuell

Infonetz

Community

Quiz

Videobox

a-z

Das erste Luftschiff: ein Zeppelin

Zeppelin

Gigant am Himmel

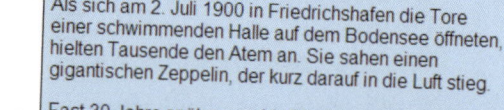
en: Zeppelin - Gigant

Als sich am 2. Juli 1900 in Friedrichshafen die Tore einer schwimmenden Halle auf dem Bodensee öffneten, hielten Tausende den Atem an. Sie sahen einen gigantischen Zeppelin, der kurz darauf in die Luft stieg.

Fast 30 Jahre später, am 11. Oktober 1928, brach das Luftschiff "Graf Zeppelin" zu einem Transatlantik-Flug auf: von Friedrichshafen in die USA. Damit startete der erste regelmäßige Linienverkehr über den Atlantik.

Ankunft in New York

Die "Graf Zeppelin" ist benannt nach Ferdinand Graf von Zeppelin. Er baute das erste brauchbare Luftschiff.

Bis zum Start der "Graf Zeppelin" wurden Zeppeline allerdings nur zu militärischen Zwecken benutzt.

Der größte Erfolg in der Geschichte der Zeppelin-Fahrt war die Weltumrundung 1929.

Nach 21 Tagen, fünf Stunden und 31 Minuten landete Hugo Eckener, der ehemalige Kommandant der "Graf Zeppelin", auf sicherem Boden in Lakehurst, New Jersey.

Graf Zeppelin

Nach einigen schweren Unglücken wurde die Luftfahrt mit Zeppelinen in den USA und Großbritannien aber bald wieder eingestellt. Als 1937 die "Hindenburg" verunglückte, stellte auch Deutschland den Luftverkehr ein.

Die "Hindenburg" kurz vor dem Unglück

Die "Hindenburg" war 245 Meter lang und das größte Luftschiff der Welt. Sie war ein Aushängeschild deutscher Technologie im Dritten Reich und wurde von den Nationalsozialisten für Propaganda-Zwecke genutzt. Von ihrem ersten Start am 4. März 1936 bis zu dem Unglück machte die Hindenburg 63 Fahrten.

Heute gibt es wieder Zeppeline und sobald einer am Himmel auftaucht, wird er bestaunt.

Deshalb nutzen viele Firmen die riesigen Gefährte für ihre Werbung.

Inzwischen kann man auch wieder mit Zeppelinen mitfahren. Zum Beispiel mit dem "Zeppelin NT" am Bodensee. So eine Rundfahrt kostet aber einige hundert Euro.

Zeppelin mit Werbung

Autorin: Constance Schirra

Letzte Änderung am 03. März 2011

So funktioniert der Zeppelin:

Luftschiff: Luftschiffe sind längliche Ballons mit fester Außenhaut und Motorantrieb. Sie werden von einer Gasfüllung in der Luft schwebend gehalten. Der mit Gas gefüllte Ballon ist leichter als der gleiche Bal-

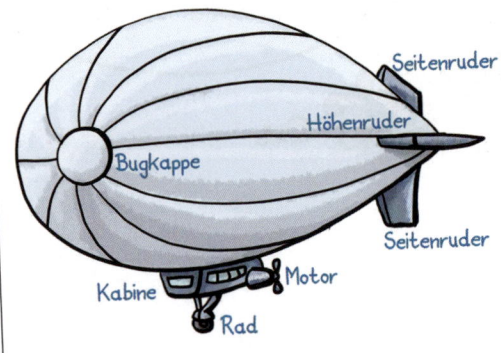

Seitenruder

Höhenruder

Bugkappe

Seitenruder

Kabine   Motor

Rad

lon voll Luft. Deshalb schwebt er in der Luft und kann sogar noch eine Kabine mit Menschen oder Frachten mittragen. Viele sagen zu einem Luftschiff auch *Zeppelin*, weil das erste brauchbare Luftschiff von Graf von Zeppelin gebaut worden war. Es war 128 Meter lang und startete am 2. Juli 1900. Die zwei 15-PS-Motoren brachten es auf 32 km/h.

2.

Der Zeppelin

Graf Zeppelin war Erfinder und Pilot des ersten Zeppelins.

1929 flog die „Graf Zeppelin" in 21 Tagen um die Erde.

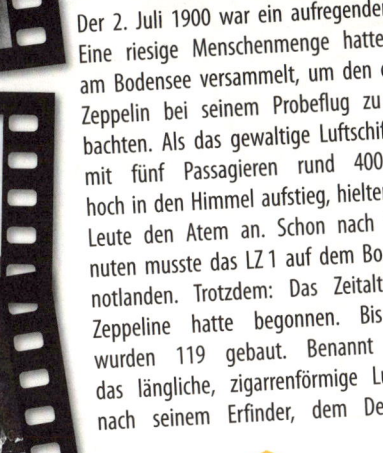

Die Überreste der Hindenburg
Der damals größte Zeppelin stürzte 1937 ab.

Der 2. Juli 1900 war ein aufregender Tag. Eine riesige Menschenmenge hatte sich am Bodensee versammelt, um den ersten Zeppelin bei seinem Probeflug zu beobachten. Als das gewaltige Luftschiff LZ 1 mit fünf Passagieren rund 400 Meter hoch in den Himmel aufstieg, hielten viele Leute den Atem an. Schon nach 18 Minuten musste das LZ 1 auf dem Bodensee notlanden. Trotzdem: Das Zeitalter der Zeppeline hatte begonnen. Bis 1938 wurden 119 gebaut. Benannt wurde das längliche, zigarrenförmige Luftschiff nach seinem Erfinder, dem Deutschen Ferdinand Graf von Zeppelin. Das Bauprinzip ist einfach: Die Hülle des Zeppelins wird mit einem Gas befüllt, das leichter ist als Luft. Dadurch erhält der Zeppelin Auftrieb und schwebt wie ein großer Luftballon in den Himmel. Für den Antrieb sorgen Propeller. Nachdem 1937 ein riesiger Zeppelin, die Hindenburg, abgestürzt war, wurde die Luftschifffahrt für viele Jahrzehnte eingestellt. Heute baut man kleinere Luftschiffe als früher. Traurig: Im Juni fing ein kleines Luftschiff bei einer Veranstaltung in Hessen Feuer und stürzte ab. Der Pilot kam ums Leben.

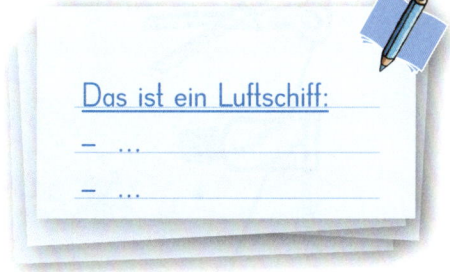

Das ist ein Luftschiff:
– ...
– ...

3 Ihr seid jetzt Experten zum Thema **Zeppelin**.
Bereitet einen kurzen Vortrag zum Thema
in eigenen Worten vor.
Schreibt Stichwörter auf Karteikarten.

Diese Fragen können dabei helfen:

Was ist ein Luftschiff?
Wie ist es gebaut?
Wie funktioniert es?
Warum sagt man zu Luftschiffen auch Zeppelin?

Wann passierte was?
Wie hieß das Luftschiff?
Was passierte danach mit der Luftschifffahrt?

Wann wurde das erste Luftschiff gebaut?
Wer hat es gebaut?
Wie schnell war es?
Wie war der erste Flug?

Wozu wurden Luftschiffe früher verwendet?
Wozu werden Luftschiffe heute verwendet?

Die Karteikarten
sind meine Spickzettel.

4 Übt euren Vortrag mehrmals.
Haltet euer kurzes Referat vor anderen Kindern.
Holt euch Rückmeldung.

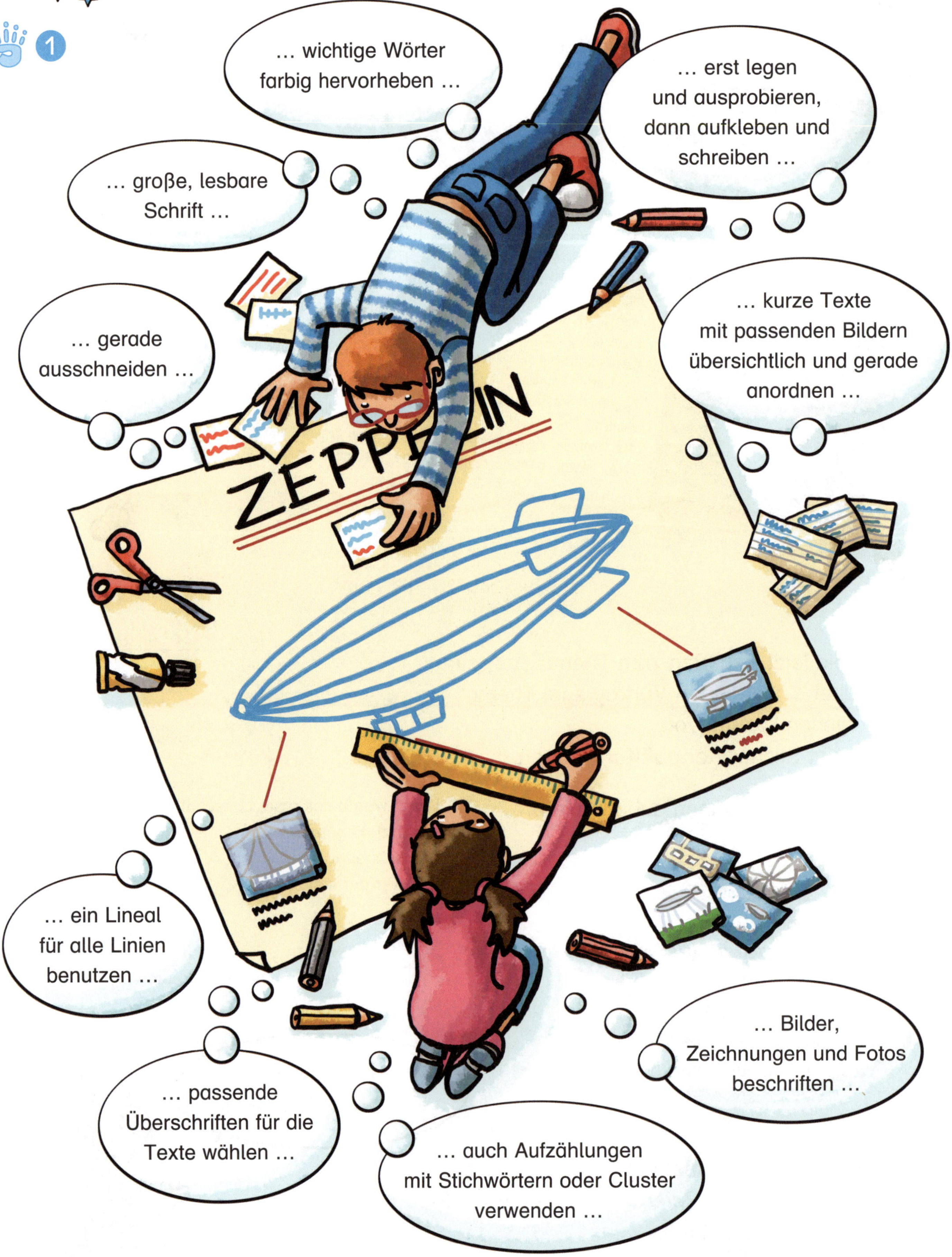

3. Bilder und Überschriften als Hilfe nutzen

So kann ich einen Überblick über unbekannte Texte gewinnen:

1. Ich lese die **Überschrift** und schaue mir die **Bilder** an.
   Das gibt mir erste Informationen über den Textinhalt.

2. Ich lese die **Zwischenüberschriften**. Eine Zwischenüberschrift
   informiert oft über den Inhalt des folgenden Absatzes.

3. Ich überfliege die **Absätze**.
   Damit ein Text übersichtlich wird, ist er in deutlich
   voneinander getrennte Teile, die Absätze, gegliedert.
   In einem Absatz steht, was inhaltlich zusammengehört.
   Ich rutsche mit den Augen von Zeile zu Zeile und
   lese nicht jedes Wort.

1 Bearbeite die Aufgaben a) bis c) der Reihenfolge nach.

a) Lies nur die Überschrift des Textes auf Seite 22.
   Schreibe sie auf.

b) Besprich mit einem Partnerkind, worum es
   deiner Meinung nach in dem Text geht.

c) Sieh dir die Bilder an. Wähle die passende
   Bildunterschrift aus und schreibe sie auf.

Heft 4 Seite 21 Aufgabe 1
a) Überschrift: Die ...
c) Bild 1: Ein ...

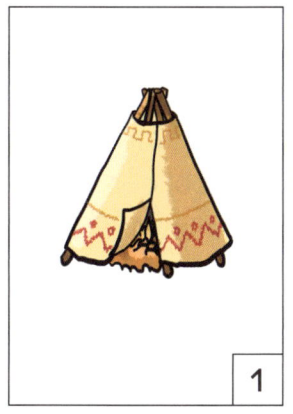

1

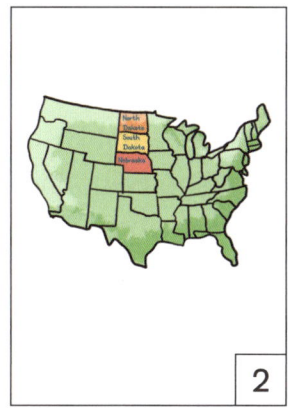

2

3

4

Ein Indianerzelt	Ein Stadtplan	Ein Häuptling	Nahrungsmittel
Ein Igluzelt	Eine Landkarte	Eine Indianerin	Waffen/Kleidung
Eine Rundhütte	Ein Netzplan	Ein Bleichgesicht	Lederwaren

Die Herren der Prärie

Die Lakota-Indianer gehören zum großen Stamm der „Sioux". Früher besiedelten
sie die weiten Präriegebiete der US-Bundesstaaten Nebraska und Dakota.
Noch heute leben sie in kleinen **Reservaten** in Nordamerika.

5   Über mehrere Jahrhunderte hinweg lebten die Lakota in völligem Einklang mit
der Natur. Sie jagten Wapiti-Hirsche, fingen Rotwild oder gingen mit dem Kanu
auf Biber- oder Entenjagd. Um größere Mengen Fleisch zu beschaffen, war für die
Lakota der Bison das wichtigste Beutetier. Mehrere Indianerstämme schlossen
sich zusammen und zogen gemeinsam auf Bisonjagd. Als die Indianer noch keine
Pferde besaßen, umzingelten sie kleinere Bisonherden und trieben die Tiere in
10   die Enge, um sie leichter erlegen zu können. Später fand die Treibjagd mit Pferden
statt. Dies hatte den Vorteil, dass die Lakota die Herden auf größere Entfernung
ausmachen und den Tieren auf längere Zeit folgen konnten.

Ihre Beute war für den Eigenbedarf. Dabei wurde nichts verschwendet.
Das Bisonfleisch diente als Nahrung. Was die Lakota nicht gleich verbrauchten,
15   wurde getrocknet und als Wintervorrat zu **Pemmikan**[1] verarbeitet. Aus dicken
Fellen wurde Kleidung hergestellt. Die strapazierfähigen Häute dienten
zur Abdeckung der Zelte oder als Leder für **Mokassins**. Aus den Knochen und
Hörnern fertigten sie Pfeilspitzen, Waffengriffe oder Ackergeräte. Die Därme
verarbeiteten sie zu Schnüren und Bogensehnen.

20   Lakota-Indianer lebten wie **Nomaden** und wanderten über die großen Ebenen.
Dabei zogen sie ihren Besitz mit Pferden von einem Lagerplatz zum anderen.
Ihre Lager bestanden aus **Tipis**, die in einem großen Kreis aufgestellt waren.
So ein Zelt bestand aus mehreren Stangen, die mit Bisonhäuten bedeckt wurden.
In der Mitte unter der Öffnung befand sich eine Feuerstelle. Der Rest des Tipis
25   war mit Planen und Fellen ausgelegt. Bemalt wurde das Tipi mit Naturfarben
aus Beeren, Rinde oder Erde.

Fremdwörter werden oft mit
Fußnoten (Wort[1] oder Wort*) versehen.
Die Worterklärung steht dann
unter dem Text.

---

[1] Pemmikan: getrocknetes, dünnes Fleisch, das zerstoßen und
mit Fett und Beeren vermischt wird

3

1 Lies den Text auf Seite 22 und beantworte folgende Fragen.

a) Welches Bild auf Seite 21 passt nicht zum Textinhalt?

b) In wie viele Absätze ist der Text gegliedert?

c) Welches Bild passt zu welchem Absatz? Ordne die verbleibenden drei Bilder richtig zu.

Heft 4 Seite 23 Aufgabe 1
a) Bild Nr. ...
b) Der Text ist in ...
c) Bild 1 – Absatz ___ ...

2 Der zweite Absatz hat kein Bild. Zeichne ein passendes Bild zu diesem Absatz.

Heft 4 Seite 23 Aufgabe 2
...

 3 Finde mit einem Partnerkind Zwischenüberschriften für die Absätze.

a) Wähle aus:

zu Absatz 1:
Leben in den Vereinigten Staaten von Amerika oder
Der Lebensraum der Lakota

Heft 4 Seite 23 Aufgabe 3
zu Absatz 1: ...
...

zu Absatz 2:
Heutige Jagdmethoden der Lakota-Indianer oder
Beutetiere und Jagd

b) Formuliere für die Absätze 3 und 4 eigene Zwischenüberschriften.

4

3 Sich im Text orientieren: Fremdwörter verstehen

1 Im Text über die Lakota auf Seite 22
sind Fremdwörter **fett gedruckt.**

a) Lies die Fußnote des Textes. Schreibe mit
eigenen Worten eine Erklärung für das Wort auf.

b) Das Wort Tipi wird im Text bereits erklärt.
Schreibe die Erklärung in dein Heft.

Heft 4 Seite 24 Aufgabe 1
a) Pemmikan ist ...
b) ...
c) Prärie: ...

c) Schlage in einem Lexikon die folgenden Wörter nach. Lies die Wortbedeutungen.
Schließe das Buch und erkläre die Begriffe einem Partnerkind.

| Prärie |

| Reservat |

| Mokassin |

| Nomaden |

2 Lies den Text mit einem Partnerkind.
Klärt unbekannte Ausdrücke und Wörter.
Schreibt die Erklärung in euer Heft.

Heft 4 Seite 24 Aufgabe 2
„in völligem Einklang mit der Natur leben"
bedeutet ...

| in völligem Einklang mit der Natur leben |

| Eigenbedarf | | strapazierfähig | | ... |

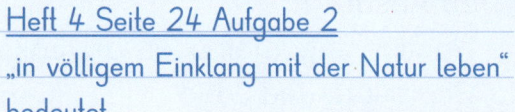

Die Erklärung
muss zum Sinn des Satzes
passen.

3 Suche dir mit deinem Partnerkind weitere Kinder.
Tragt in euren Lerntagebüchern zusammen,
wie ihr fremde Begriffe in einem Text
klären könnt.

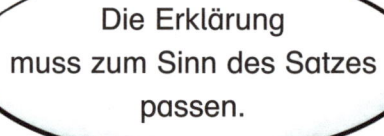

4 Schreibe in dein Lerntagebuch, ob du
dich bei Gesprächen in der Gruppe wohlfühlst
oder ob du etwas für dich ändern willst.
Besprich dich mit anderen Kindern.

3 Einen Text überfliegen

1 Die farbigen Wörter helfen dir, die Geschichte zu verstehen. Lies nur diese wichtigen Wörter.

Es begann alles völlig harmlos. Wir entdeckten eine verstaubte Holzkiste, auf der eine sorgfältig eingravierte Aufschrift prangte: „Graviton, Alphonse Cailletet". Alphonse Cailletet war unser Großvater. Das da ist ein Bild von ihm. Véronique hat es gemalt, es sieht ihm wirklich sehr ähnlich. Großvater war ein richtig guter Konstrukteur[1] und Erfinder. In seinen jungen Jahren rissen sich die Firmen um Großvaters Dienste; dank seiner technischen Begabung konnten er und Großmutter ein gutes Leben führen. Als er älter wurde, verkaufte er einen Großteil seines Besitzes. Beide zogen aufs Land, wo Großvater sich ganz der Forschung widmete. Sein unermüdlicher Wille, etwas zu erfinden, und sein zurückgezogenes Leben führten dazu, dass die Leute tuschelten, er sei verrückt oder zumindest ein großer Exzentriker[2]. Fairerweise muss man erwähnen, dass auch Großmutter so etwas manchmal über ihn sagte. All sein Erfinden nahm dann ein trauriges Ende: 1929 verschwand Großvater unter mysteriösen[3] Umständen.

Tomas Tuma

1 Konstrukteur: Tüftler, Erbauer
2 Exzentriker: unangepasster, schöpferischer Mensch, der sich von anderen Menschen bewusst unterscheiden möchte
3 mysteriös: geheimnisvoll, unerklärlich

2 Entscheide mithilfe der farbigen Wörter, welche Aussagen über Alphonse Cailletet stimmen. Schreibe sie auf.

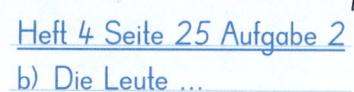
Heft 4 Seite 25 Aufgabe 2
b) Die Leute ...
...

a) Alphonse war wenig technisch begabt.

b) Die Leute hielten ihn für verrückt.

c) Er war der Onkel von Véronique.

d) Er erfand allerlei Dinge.

e) Im Jahre 1929 verschwand Alphonse.

3 Lies den Text, dann decke ihn ab. Schreibe auf, was du über Alphonse weißt.

Heft 4 Seite 25 Aufgabe 3
...

 4 Gib deinen Text einem Partnerkind. Es überprüft, wie viele der farbigen Wörter du verwendet hast.

3. Redensarten kennen lernen

Wenn ich **Redensarten** verwende, spreche ich in Bildern.
Viele Bilder sind schon älter und damit schwierig für uns zu verstehen.
Manchmal muss ich Redensarten erst übersetzen, um sie zu verstehen.

 1 Ordne mit einem Partnerkind die Redensarten
den passenden Bildern und den Bedeutungen zu.

1 Lisa hat den Faden verloren.

2 Lisa fällt mit der Tür ins Haus.

3 Für Lisa hängt der Himmel voller Geigen.

4 Lisa bindet ihrer Schwester einen Bären auf.

A Lisa hat vergessen, was sie sagen wollte.

B Lisa ist sehr glücklich.   C Lisa sagt ohne Vorrede, was sie zu sagen hat.

D Lisa lügt ihre Schwester scherzhaft an.

 2 Suche dir mit deinem Partnerkind weitere Kinder.
Sammelt noch mehr Redensarten
und schreibt sie mit ihrer Erklärung auf.

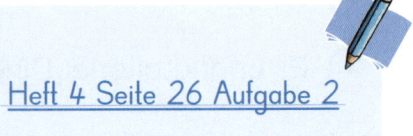
Heft 4 Seite 26 Aufgabe 2
...

  3

Dir stehen die Haare zu Berge.

3 Über Redensarten als sprachliches Mittel nachdenken

1 Schreibe aus Text 1 alle Redensarten mit ihrer Erklärung auf.
Text 2 kann dir dabei helfen.

Heft 4 Seite 27 Aufgabe 1
sich wie ein Schneekönig freuen –
sich sehr freuen ...

So sind Eltern

1 Ich freute mich wie ein Schneekönig, als meine Mutter mir erlaubte,
bei meinem besten Freund zu übernachten.
„Aber macht nicht bis in die Puppen!", mahnte meine Mutter.
„Und gib nicht zu allem deinen Senf dazu", sagte mein Vater.
Sofort kam mir die Galle hoch. Mein Vater kann mich wirklich zur Weißglut bringen!
„Da bist du aber auf dem Holzweg!", schrie ich und begann zu heulen.
„Ich gebe nicht zu allem meinen Senf dazu. Ich nehme nur kein Blatt
vor den Mund!"
„Sagen wir mal so: Du bist nicht auf den Mund gefallen." Meine Mutter strich mir
tröstend über den Kopf. „Und nun weine mal keine Krokodilstränen und
zieh endlich Leine. Oder willst du heute doch zu Hause bleiben?"

2 Ich freute mich sehr, als meine Mutter mir erlaubte,
bei meinem besten Freund zu übernachten.
„Aber bleibt nicht zu lange auf!", mahnte meine Mutter.
„Und äußere nicht ungefragt deine Meinung", sagte mein Vater.
Sofort wurde ich zornig. Mein Vater kann mich wirklich in Wut versetzen!
„Da bist du aber schwer im Irrtum!", schrie ich und begann zu heulen.
„Ich äußere nicht ständig ungefragt meine Meinung. Ich sage eben ehrlich,
was ich denke!"
„Sagen wir mal so: du bist ziemlich schlagfertig." Meine Mutter strich mir
tröstend über den Kopf. „Und nun weine mal keine unechten Tränen und
verschwinde endlich. Oder willst du heute doch zu Hause bleiben?"

 2 Suche dir ein Partnerkind. Vergleicht eure Ergebnisse von **1** .
Lest die Texte gemeinsam. Überlegt, wie sich die Texte unterscheiden.
Begründe deinem Partnerkind, welcher Text dir besser gefällt.

3 Suche dir mit deinem Partnerkind andere Kinder.
Begründet, ob ihr Redensarten auch in Sachtexten verwenden würdet.

3 Tierische Redensarten richtig aufschreiben

1 In jede Redensart hat sich ein falsches Tier eingeschlichen. Schreibe alle Sprichwörter mit den richtigen Tieren auf.

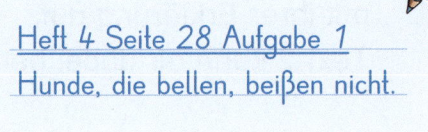
Heft 4 Seite 28 Aufgabe 1
Hunde, die bellen, beißen nicht.
...

| Heuler, die bellen, beißen nicht. | Ein blindes Entchen findet auch einmal ein Korn. |

| zwei Bienen mit einer Klappe schlagen | jemandem einen Wolf aufbinden |

| Hasen haben | besser den Wurm in der Hand als die Taube auf dem Dach |

| Ist die Katze aus dem Haus, tanzen die Hunde auf dem Tisch. |

| die Schlange im Sack kaufen | sich wie ein Affe im Porzellanladen benehmen |

| aus der Ameise einen Elefanten machen | Da ist der Frosch drin. |

 2 Wähle eine Redensart.
Nimm dir ein quadratisches Blatt,
knicke oben und unten einen Streifen um.
Schreibe in den oberen Streifen
die Redensart und in den unteren
Streifen die Bedeutung.
Jetzt drehst du das Blatt um
und malst die Redensart auf.
Zeige einem anderen Kind das Bild.
Lass es die Redensart erraten.

It's raining cats and dogs.

4 Sachtexte lesen

Das Ziel eines **Sachtextes** ist es, seine Leser zu informieren, Daten zu liefern oder Sachverhalte zu erklären. Sachtexte sind zum Beispiel: Anleitungen zum Basteln oder Kochen, Zeitungsberichte und Lexikonartikel.

1 Lies den Sachtext und die Merkmale eines Sachtextes.

1 Häufig ist ein Sachtext in einzelne **Absätze** untergliedert, der für eine bessere Verständlichkeit und Lesbarkeit sorgt. Meist enthält er zudem **Zwischenüberschriften**. Außerdem kann ein solcher Text erklärende **Fotografien, Tabellen** oder **Grafiken** enthalten.

Fachbegriffe und **Fremdwörter** kommen in Sachtexten häufig vor. Versuche sie aus dem Textzusammenhang heraus zu klären, benutze ein Lexikon oder frage jemanden.

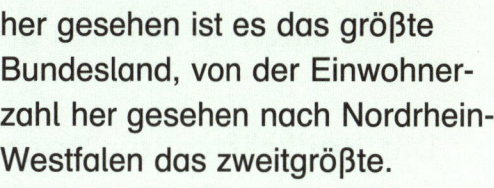

2 Der Freistaat Bayern liegt im Südosten der Bundesrepublik Deutschland. Von der Fläche her gesehen ist es das größte Bundesland, von der Einwohnerzahl her gesehen nach Nordrhein-Westfalen das zweitgrößte.

Bayern grenzt im Süden und Südosten an Österreich und im Westen an Tschechien. Die Landeshauptstadt ist München.

Die Bezeichnung „Freistaat" trägt Bayern seit November 1918, als Bayern zu einem monarchiefreien Staat ausgerufen wurde.

2 Suche dir ein Partnerkind. Überlegt, welche Merkmale auf den Sachtext in **1** zutreffen.

3 Suche dir mit deinem Partnerkind weitere Kinder. Besprecht euch:

– Über welche Themen informierst du dich gerne?
– Wann liest du Sachtexte in deinem Alltag?
– Zu welchem Zweck liest du Sachtexte?
– Woher bekommst du deine Informationen?
– Finde Beispiele für Sachtexte und zeige sie in der Gruppe.

4 Informationsquellen zu einem Thema nutzen

① In den Texten geht es um das Thema „Salz im Meer".
Suche dir andere Kinder und tausche dich mit ihnen aus:
- Was wisst ihr schon über das Thema?
- Was wollt ihr zum Thema „Salz im Meer" wissen?

Das Salz im Meer

Die Erdoberfläche besteht aus 29 % Land und 71 % Wasser.
Dennoch leiden Millionen von Menschen unter Wassermangel.
Das meiste Wasser befindet sich nämlich im Meer und ist sehr salzig.
Deshalb ist es für uns Menschen als Trinkwasser nicht genießbar.

Die Gewinnung von Meersalz

Das Salz des Meeres ist ein wichtiger Bodenschatz. In künstlich angelegten, flachen Feldern, den Salzgärten, steht das Meerwasser so lange, bis es durch die Sonne langsam verdunstet. Übrig bleibt das Salz.

Die Heilkräfte des Meersalzes

Kalzium	Natrium	Eisen
beruhigt die Haut.	verbessert die Hautdurchblutung.	regt die Blutbildung an.

Das „Tote Meer"

Wusstest du schon, dass das „Tote Meer" …
- ⭐ im Nahen Osten zwischen Israel und Jordanien liegt?
- ⭐ der tiefstgelegene See der Erde ist?
- ⭐ 7 x so salzig ist wie die Weltmeere?
- ⭐ für Pflanzen und Tiere unbewohnbar ist?

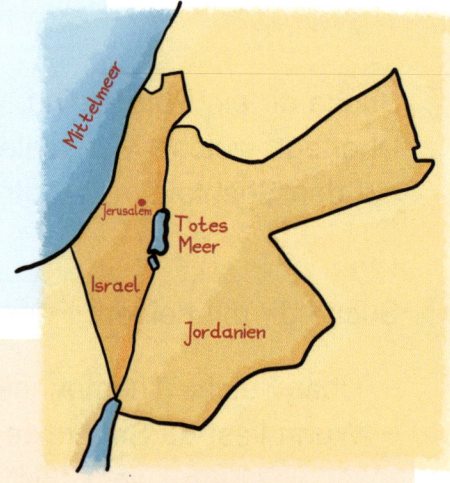

Salzwasser **„trägt"** besser als Wasser mit wenig Salzgehalt.

 2 Lest gemeinsam die Texte.
Überlegt, welche Fragen von euch beantwortet wurden.
Zeigt in den Texten, welche Informationen neu sind.

3 Ordne die Sätze in der richtigen Reihenfolge.

Heft 4 Seite 31 Aufgabe 3
…

| Es bildet sich Salz. |

| Das Meerwasser verdunstet allmählich. |

| Meerwasser wird in große Becken geleitet. |

| Das Salz wird geerntet. |

4 Suche dir ein Partnerkind.
Entscheidet, welche Wörter passen.
Schreibt den Text in eurer schönsten Schrift auf.

Heft 4 Seite 31 Aufgabe 4
Das Salz …

Das Salz des Meeres ist ein wichtiger Energielieferant / Bodenschatz.

Es wird in sogenannten Salzgärtnereien / Salzgärten gewonnen.

Bereits die Römer kannten die Heilwirkung von Meerwasser / Regenwasser.

Ein Bestandteil des Meerwassers, nämlich Eisen / Kalzium regt die Blutbildung an.

Deshalb fahren auch heute noch viele Händler / Urlauber an das „Tote Meer".

 5 Überlege mit deinem Partnerkind, ob ihr der Aussage auf dem Zettel zustimmt.
Begründet eure Antwort mithilfe des Textes.

4 Sich eine eigene Meinung bilden

  1 Berichte einem Partnerkind, was du schon über den Wolf weißt.

  2 Lies einen der beiden Texte deinem Partnerkind vor. Dein Partnerkind schreibt wichtige Stichpunkte auf. Tauscht dann beim zweiten Text die Rollen. Gebt den Inhalt der Texte mithilfe eurer Stichpunkte wieder.

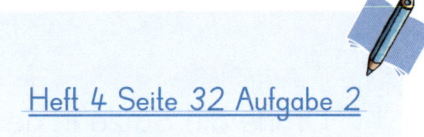

Heft 4 Seite 32 Aufgabe 2
...

Stimmt das Bild vom bösen Wolf?

Vor vielen hundert Jahren lebten die meisten Menschen als Bauern von Ackerbau und Viehzucht. Manche armen Bauernfamilien hatten nur ein paar Schafe oder Ziegen. Wenn diese von Wölfen gerissen wurden, musste die Familie hungern. Daher wurde der Wolf als böse angesehen, er wurde gejagt und beinahe ausgerottet. Das schlechte Bild des Wolfes wurde von Generation zu Generation weitergegeben, durch Märchen vom bösen Wolf, Geschichten über Werwölfe oder Gerüchte über Wolfsrudel, die Menschen anfallen.
Heute wissen wir, dass Wölfe sehr scheu sind und Menschen meiden. Trotzdem werden sie immer noch von vielen gefürchtet.

Langsam siedelt sich der Wolf wieder bei uns an. Auch in Bayern wurde er wieder gesichtet. Das ist erfreulich, doch es muss uns klar sein: Der Wolf ist ein Jagdtier und hat einige unserer Haustiere auf seinem Speiseplan stehen. Andererseits: von anderen Völkern verlangen wir auch, dass sie mit Tigern, Elefanten und Löwen in Harmonie zusammenleben und diese Tiere nicht jagen oder ausrotten. Dann sollte uns das doch auch mit dem weitaus weniger gefährlichen Wolf gelingen, oder?

Der Wolf in Erzählungen anderer Kulturen

In Nordamerika lebten viele Völker von der Jagd. Sie sahen im Wolf einen überlegenen Konkurrenten, dessen Ausdauer und Geschick bewundert und begehrt waren. Der Wolf wurde als Beschützer oder als übernatürliches Wesen betrachtet und verehrt. Krieger verglichen sich mit dem Wolf. In vielen Indianerstämmen erscheint der Wolf als Totem, also persönlicher Schutzgeist.

3 Suche dir mit deinem Partnerkind andere Kinder. Besprecht euch.

a) Kennt ihr Märchen, in denen ein Wolf vorkommt?
Wie wird der Wolf in diesen Märchen dargestellt, welche Eigenschaften hat er?
Sammelt passende Adjektive.

b) Warum haben Wölfe schon frühzeitig Eingang in Märchen gefunden?

c) Stimmt das Bild vom „bösen Wolf"?

d) Überlegt gemeinsam, warum die Ureinwohner Nordamerikas
ein anderes Bild vom Wolf hatten als wir.

4 Bildet kleine Forschergruppen.
Überprüft eine (oder mehrere Aussagen) mithilfe von Sachtexten.
Stellt euer Ergebnis anderen Kindern vor.

> Bei drei Hornissenstichen stirbst du!

> Füchse sind sehr schlaue Tiere.

> Schweine sind unsaubere Tiere.

> ...

> Im Kinderlexikon steht was über Schweine.

> Ich habe mal einen Film über Füchse gesehen!

> Mit Kindersuchmaschinen habe ich schon oft die richtigen Informationen gefunden.

> Bring doch mal eine Kinderzeitschrift!

5 Überlegt gemeinsam, welche Medien (Bücher, Zeitschriften, Internet, Film)
euch bei eurer Recherche gut geholfen haben. Schreibt eure Erkenntnisse auf.
Berichtet, ob ihr die Informationen schnell und/oder leicht finden konntet.

4 Eine wissenschaftliche Frage klären

1 Suche dir ein Partnerkind.
Teilt die beiden Texte auf.
Überlegt, was euch beim Zuhören hilft.
Was kannst du tun, um dir möglichst viel zu merken?
Lest die Texte und gebt den Inhalt wieder.

Warum fallen wir nicht von der Erde runter?

„Warum fallen wir nicht von der Erde runter, wenn sie sich dreht?", fragt Eva-Maria.

„Das kann ich dir sagen", antwortet Papa. „Eine unsichtbare Kraft hält uns fest oder zieht uns wieder zurück, wenn wir in die Luft springen."

„Ist das ein Geist?", fragt Alexander.

Papa lacht. „Nein, das ist kein Geist. Das ist die Anziehungskraft der Erde."

Papa bückt sich und hebt einen Stein auf. „Was passiert, wenn ich ihn hochwerfe?"

„Er fällt wieder runter", antwortet Alexander.

Papa nickt. „So sagen wir dazu. Aber genau genommen fällt der Stein nicht, sondern die Anziehungskraft der Erde zieht ihn herunter und hält ihn auf dem Boden fest."

Eva-Maria ist noch nicht ganz zufrieden. „Die Erde ist doch eine Kugel. Warum fallen dann die Menschen nicht runter, die unten leben?"

„Weil sie genau wie wir von der Erdanziehungskraft festgehalten werden", antwortet Papa.

„Hängen die dann mit dem Kopf nach unten?"

Papa schmunzelt. „Es scheint so. Aber in Wirklichkeit hängen die Menschen auf der südlichen Halbkugel nicht mit dem Kopf nach unten. Sie leben genau wie wir auf der Erde."

„Versteh ich nicht", sagt Eva-Maria.

„Wer von uns aus gesehen auf der anderen Seite der Erdkugel lebt, ist für uns unten", erklärt Mama. „Und die Leute dort meinen, sie seien oben und wir seien unten."

„Für alle Menschen ist die Erde unten und der Himmel oben", ergänzt Papa.

„Egal, wo jemand lebt."

Manfred Mai

Guten Tag, mein Name ist Galileo Galilei. Ich war vor etwa 450 Jahren ein berühmter Naturwissenschaftler. Wisst ihr, was ich unter Anderem rausbekommen habe? Dass alle Gegenstände gleich schnell fallen, egal welche Form oder welches Gewicht sie haben.

„Was?", werdet ihr jetzt sagen, „das ist doch Quatsch! Eine Feder fällt ja wohl langsamer auf den Boden als ein Stein!"

Ja, das stimmt. Das ist allerdings nur deshalb so, weil auf der Erde die Dinge von Luft umgeben sind. Die Feder wird durch die Luft abgebremst. In einem luftleeren Raum aber würden der Stein und die Feder gleich schnell nach unten fallen.

Zu meiner Zeit konnte ich mir noch keinen luftleeren Raum bauen und so meine Idee beweisen. Aber ich ließ einen Helfer auf einen Turm steigen, der verschieden große Steine, die auch verschieden schwer waren, herunterfallen ließ. Ich stand unten und habe zugesehen. Und wisst ihr was? Egal, wie schwer oder wie groß die Steine waren, sie sind beide zur gleichen Zeit auf dem Boden angekommen.

 ② Suche dir ein Partnerkind.
Bearbeitet die Aufgaben.
Schreibt eure Antworten auf.

Heft 4 Seite 35 Aufgabe 2
a) Es geht in beiden Texten ...
b) ...

a) Worum geht es in beiden Texten vor allem?

b) Stimmt die Aussage?
Galileo entdeckte, dass unterschiedlich schwere Steine gleich schnell fallen.

c) Stimmt die Aussage?
Galileo fand heraus, dass große Steine schneller fallen.

d) Was fällt schneller hier auf der Erde? Apfel oder Feder?
Begründet eure Meinung mithilfe des Textes und der Illustration.

e) Beantworte die Frage:
„Warum fallen wir nicht von der Erde herunter?"

 ③ Suche dir mit deinem Partnerkind weitere Kinder.
– Überlegt gemeinsam, ob die beiden Texte reine Sachtexte sind.
– Welche Merkmale sprechen für und welche gegen einen Sachtext?

4 Eine Diskussion über einen Text führen

> Eine **Diskussion** ist ein Gespräch, bei dem jeder Gesprächspartner seine **Meinung** zu einem Thema **sachlich vertritt**.

1 Lies den Zeitungsartikel.

Eine für alle

In Deutschland wird über das Thema Schuluniform viel gesprochen. In anderen Ländern, wie beispielsweise Australien, Japan oder Mexiko, ist das Tragen dieser Uniformen hingegen ganz alltäglich.
Hier verlassen alle Schüler mit einheitlicher Schulkleidung morgens das Haus. Je nach Schule und Land tragen Jungen lange oder kurze Hosen mit T-Shirt oder Hemd, dazu einheitliche Socken und meist schwarze Schuhe. Die Mädchen haben stattdessen Kleider oder Röcke mit passenden Blusen an. In kühlen Ländern, wie z.B. Großbritannien, tragen die Schüler noch ein Jackett* darüber. Selbst Halstücher, Haarbänder oder Krawatten gehören in vielen Ländern zur Schuluniform.

_____

* Jackett: Anzugjacke

2 Es gibt Gründe für und gegen das Tragen von Schuluniformen.

a) Ordne die Aussagen.

> Der Zusammenhalt der Schüler wird gestärkt.

> An der Kleidung erkennt man, wer auf eine einfache oder bessere Schule geht.

> Man sieht nicht, welche Familien viel oder wenig Geld besitzen.

> Man darf nicht mehr selbst über seine Kleidung entscheiden.

Heft 4 Seite 36 Aufgabe 2

Dafür (Pro)	Dagegen (Contra)
…	An der Kleidung erkennt man …

b) Ergänze gemeinsam mit einem Partnerkind die Tabelle.

> Meine Meinung ist …

3 Sucht euch eine andere Zweiergruppe und diskutiert über das Thema Schuluniform.

> Ich finde …

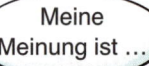

1. Andere Meinungen zulassen
2. Nicht melden, aber warten, bis andere ausgesprochen haben
3. Beim Thema bleiben
4. Niemanden beleidigen
5. Sachlich bleiben

4 Schätze dich selbst ein: Kannst du sachlich diskutieren? Was ist schwer daran?

Lerntagebuch

4 Vermutungen zu einem Zeitungsartikel anstellen

1 Lies die Überschrift und sieh dir das Schaubild an.
Vermute, um was es in dem Zeitungsartikel geht.

Kinder, Kinder – Immer mehr Menschen leben auf der Erde

Der 11. Juli ist der „Tag der Weltbevölkerung". Da niemand alle Menschen auf der Erde zählen kann, wird die Weltbevölkerung nur geschätzt. Am 31.10.2011 war der symbolische Geburtstag des siebenmilliardsten – in Zahlen 7 000 000 000* – Menschen. Die meisten Menschen leben in Asien. Dort gibt es vier Milliarden Menschen! Auch in Afrika leben mehr als eine Milliarde Erdenbürger. In Europa sind es nur 739 Millionen. Experten haben ausgerechnet, dass es in Zukunft immer mehr Menschen geben wird. Im Jahr 2050 werden wahrscheinlich rund neun Milliarden Menschen die Erde bevölkern.

Derzeit leben weltweit mehr als 1,8 Milliarden Kinder unter 14 Jahren auf der Erde. Damit stellen sie 27 Prozent der Weltbevölkerung. In Afrika wird es im Jahr 2050 etwa eine Milliarde mehr Menschen geben als heute. Das kommt daher, dass dort sehr viele Kinder geboren werden. In vielen afrikanischen Ländern bilden Kinder einen hohen Anteil an der Bevölkerung. In Mali etwa ist die Hälfte der Einwohner unter 14 Jahre alt.

Anzahl der Kinder auf den Erdteilen
Angaben in Millionen

Ozeanien — Nord-amerika — Europa — Süd-amerika — Afrika — Asien

* 7 Milliarden = 7 000 Millionen

 2 Besprich deine Vermutung mit einem Partnerkind.
Lest den Text gemeinsam.

 3 Tauscht euch über den Text aus.
Ordnet die Textstreifen den passenden Kontinenten zu.

In diesem Land sind mehr als 50 Prozent der Menschen Kinder.

In dieser Region leben weltweit die wenigsten Kinder.

Hier leben vier Milliarden Menschen.

2 Milliarden im Jahr 2050

739 Millionen

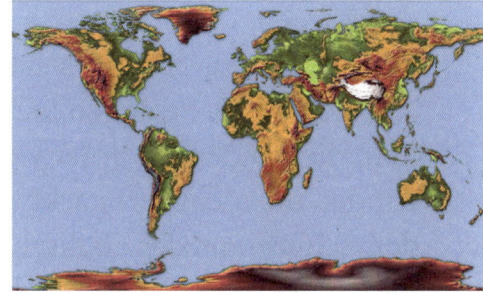

5. Eine Lesekonferenz durchführen

1 Lies die Anleitung für eine Lesekonferenz.
Bringe die Bilder in die richtige Reihenfolge.

Heft 4 Seite 38 Aufgabe 1
L ...

1. Vorhersagen:
- die Überschriften und die Bilder ansehen
- vorhersagen, was wohl im Text stehen wird

2. Lesen:
den ersten Absatz lesen.

3. Erklären:
Unverstandene Wörter oder Textstellen klären
(nochmals im Text nachlesen, jemanden fragen,
im Lexikon nachschauen …)

4. Zusammenfassen:
- dem Absatz eine Überschrift geben
- oder den Inhalt in einem Satz zusammenfassen

5. Wieder zu Schritt 1 gehen:
Schritt 1: Vorhersagen: den nächsten Absatz
bearbeiten

2 Suche dir andere Kinder.
Bearbeitet diesen Text in einer Lesekonferenz.

Der Kriegsrat der „Zorro 5"

Caroline hat diese Woche Pausendienst. Sie soll die Tafel putzen und die Klasse
durchfegen.

Da hört sie draußen die scharfe Stimme von Maik. Er spricht laut und selbstsicher:
„So'n Quatsch. Passieren kann uns gar nichts dabei. Wir sind ‚Lückekinder'. So nennt
man die Kinder, die unter vierzehn sind. So wie wir. Das sagt Aleksejs Bruder Pawel.
Kinder, die nicht verknackt werden können. Egal, was wir tun, Oma abmurksen,
den Schoßhund der englischen Queen klauen oder 'nen tollen Schlitten knacken,
die können uns nicht einlochen. Bisschen abräumen, was ist das schon."

Draußen unter dem Fenster hat sich die Bande von Maik und Aleksej versammelt und hält Kriegsrat. „Zorro 5" nennt sie sich seit kurzem. Sie können nicht ahnen, dass Caroline oben mithört.

„Lückekinder! Das sag mal meinem Alten. Dem ist das egal, ob ich ein Lückekind bin oder nicht. Der vertrimmt mich, wenn ich erwischt werde. Ehrlich! Da habe ich keinen Bock drauf!" Das ist die Stimme von Oliver.

„Wir werden nicht erwischt. Du und Çelik, ihr braucht nur gut aufzupassen. Schmiere stehen sozusagen. Den Rest erledigen wir. Das Gefährliche, meine ich. Ihr könnt die Verkäufer ja ein bisschen ablenken. Mit dummen Fragen!"

„Genau", sagt Aleksej, „Çelik kann frrragen, ob sie türrrkische Bauchtanzkostüme führrren oder türrrkischen Honig in Fässerrrn!"

„Blödsinn", ertönt da Çeliks Stimme. „Ich mach da nicht mit. Und fragen tu ich schon gar nicht."

„Du hast aber deine Mutprobe noch nicht bestanden", sagt Maik. „Denk dran, Ausländer dürfen bei uns eigentlich gar keine Mitglieder sein!"

„Wieso Ausländer?", sagt Çelik. „Ich spreche tausendmal besser Deutsch als Aleksej. Der hat immer noch so eine komische Aussprache. Wie ein Russe. Der darf ja auch Mitglied bei euch sein."

„Halt die Klappe, Bulle", sagt Aleksej. „Ich bin aberrr Deutscherrr und du nicht. Mit rrrichtigem Ausweis. Soll ich dirrr beweisen, Kleiner?"

Dingdongdong! Der Pausengong hat das Wort. Er sagt, dass die Pause vorbei ist. Die fünf Zorros schlagen sich durch die Büsche zurück zum Pausenhof. Caroline ist entsetzt. Das ist schließlich kein Kriminalfilm wie im Fernsehen. Das ist echt! Da wollen welche was klauen! „Abräumen", hat Maik gesagt. „Abräumen", nicht aufräumen, wie sie es jetzt in der Klasse getan hat. „Klauen" meinen die! Soll sie die Polizei benachrichtigen? Zur Direktorin gehen?

Ulla Klomp

 ③ Maik redet von „verknackt werden", „abmurksen", „Schlitten knacken". Er spricht in der „Umgangssprache".

– Überlegt gemeinsam, warum ihr diese Wörter nicht im Lexikon nachschlagen könnt.

– Überlegt, wie Maik durch die vielen umgangssprachlichen Redewendungen in der Geschichte auf euch wirkt. Wie würdet ihr ihn beschreiben? Welche Eigenschaften hat er?
Haltet euer Gespräch mithilfe von Stichpunkten fest.

5 Eine Sage lesen und verstehen

Eine **Sage** ist eine Geschichte, die mündlich überliefert wurde.
Vieles in ihr wurde fantasievoll erfunden, zum Beispiel können Tiere sprechen
oder es gibt Menschen mit übernatürlichen Kräften oder märchenhafte Wesen.
Gleichzeitig versucht die Sage aber, glaubwürdig zu sein. Sie hat nämlich oft
einen „wahren Kern" und erzählt zum Beispiel von echten Orten und bestimmten
Personen oder erklärt besondere Vorkommnisse in der Natur.

1 Überlege dir mit einem Partnerkind:
Was hilft beim Zuhören? Wie kannst du dir viel merken?
Lasst euch die Geschichte von einem anderen Kind vorlesen.

Der Teufelstritt im Münchner Dom

Der Fußabdruck am Eingang der Frauenkirche
gab Anlass zu mancherlei Vermutungen
über seine Entstehung. Eine Sage erklärt ihn so:

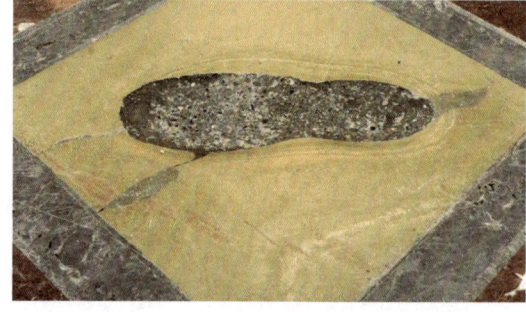

Der Baumeister Jörg Ganghofer hatte
die Frauenkirche schon fast vollendet,
als der Teufel von dem Bau erfuhr.
„Was, schon wieder eine Kirche in München!", schrie er. „Dort sind ohnehin genug
Kirchen, die mir ein Dorn im Auge sind, mehr als genug! Das werde ich nicht dulden.
Ich muss diesen Bau um jeden Preis verhindern!"
Feuer- und schwefelspeiend fuhr er aus der Hölle, eilte zu seinem Freund, dem wilden
Sturm, und beriet sich mit ihm.
„Sei froh, dass du noch rechtzeitig von der Sache erfahren hast, da kann man
wenigstens etwas dagegen unternehmen!", beruhigte er den Tobenden. „Wir zwei
werden mit der Kirche schon fertig werden! Solange sie noch nicht geweiht ist,
kannst du sie noch betreten und von innen her zerstören. Ich greife sie von außen an.
Zusammen werden wir sie schon zu Fall bringen!" Schnell begaben sich die beiden
wüsten Gesellen zur Kirche und machten sich ans Werk. Im Eingangsbereich blieb
der Teufel stehen, schaute sich um und überlegte, wo er am besten mit der Zerstörung
beginnen sollte. Da überzog plötzlich ein Grinsen sein Gesicht. Er hatte nämlich,
so eifrig er sich auch umgeschaut hatte, kein einziges Fenster in der ganzen Kirche
entdecken können.

(Natürlich hatte die Kirche Fenster, die konnte der Teufel aber nicht sehen, da er genau
an dem Ort stand, wo alle Fenster durch Säulen verdeckt waren.)

„Da haben die dummen Tölpel von Bauleuten doch tatsächlich die Fenster vergessen!", schrie er, schlug sich hohnlachend auf die Schenkel und stampfte vor Freude mit dem Fuß so fest auf, dass der Tritt sich in den Stein auf dem er stand, eingrub.

„In einer Kirche ohne Fenster geht kein Beten, da ist der ganze Bau umsonst, ha, ha, ha!" Vergnügt und bester Dinge ging er weg, weil die unglaubliche Dummheit des Baumeisters ihm die Mühe erspart hatte, das Gotteshaus zu zerstören. Wohl bemerkte er später seinen Irrtum, als er die Scharen von Menschen sah, die in die Kirche strömten. Doch obgleich es ihn vor Wut fast zerriss, er konnte dem Bauwerk nichts mehr anhaben, weil es schon geweiht war. Der Sturm aber, der Bundesgenosse des Teufels, rast noch immer in ohnmächtiger Wut um die Frauenkirche. Er saust den Gläubigen um die Ohren, zerrauft ihnen die Haare oder reißt ihnen die Hüte herunter und wirbelt sie fort. Das ist auch der Grund dafür, dass es um die Frauenkirche herum auch heute noch so windig ist.

 2 Suche dir ein Partnerkind. Lest die Sage nochmals gemeinsam.
Klärt Wörter oder Textstellen, die ihr nicht verstanden habt.

3 Suche dir mit deinem Partnerkind weitere Kinder.
Wählt eine Aufgabe aus und bearbeitet sie gemeinsam in der Gruppe.
– Zeichnet eine Bildergeschichte zur Sage.
– Schreibt die Sage in ein Hörspiel um.
– Schreibt die Geschichte aus Sicht des Sturmes,
   der sich sehr über den dummen Teufel ärgert.
– Findet möglichst viel über den Bau
   des Münchner Doms heraus. Ihr könnt auch
   im Internet recherchieren.
– Gestaltet ein Minilexikon mit altmodischen Wörtern.
– Sammelt Sagen zu eurer Region oder Stadt.

 4 Stellt eure Ergebnisse der Klasse vor.
Holt euch Rückmeldungen.
Schreibt auf, was ihr beim nächsten Mal besser machen wollt.

5. Ein Märchen lesen und verstehen

 1 Suche dir andere Kinder. Tragt zusammen,
was ihr schon über die Textsorte „Märchen" wisst.

 2 Lest das Märchen. Organisiert eine Lesekonferenz.

Das Wettschwimmen zwischen dem Hornhecht und der Krabbe

Als der Hornhecht eines Tages spazieren schwamm, begegnete er der Krabbe.
Er knüpfte mit ihr ein Gespräch an, und bald gerieten sie in Streit, wer von
ihnen der Schnellere wäre; denn jeder hielt sich selber dafür. Und weil sie sich
nicht einigen konnten, verabredeten sie einen Tag, um ein Wettschwimmen
zu veranstalten. Sie wollten sich an der Insel Na in Matolenim treffen und
alsdann nach der fernen, hohen Insel Kusaie hinüberschwimmen. Wer zuerst
dort ankam, sollte Sieger sein.

Die Sache wurde abgemacht. Die schlaue Krabbe lud nun alle Tritonmuscheln
zu sich ein. Sie erzählte ihnen von der Wette mit dem Hornhecht und bat
die Muscheln, ihr dabei zu helfen. Sie sollten sich in einer Reihe von Na bis
nach Kusaie aufstellen und jedes Mal, wenn der Hornhecht nach der Krabbe
fragte, antworten: „Hier bin ich!" Die Tritonmuscheln sagten ja und stellten sich
in einer langen Reihe von der Riffbrandung bei Na bis Kusaie hin auf.

Darauf trafen sich die Krabbe und der Hornhecht in Na und schwammen los.
Allemal, wenn der Hornhecht aus dem Wasser emporschnellte, fragte er:
„Wo bist du?" Dann antwortete diejenige Muschel, welche ihm am nächsten
war: „Hier bin ich!" Er schwamm weiter, tauchte und sprang aus dem Wasser
heraus und fragte: „Wo bist du?" Eine Muschel antwortete dann: „Hier bin ich!"
Er schwamm weiter; und jedes Mal, sobald er fragte, erhielt er zur Antwort:
„Hier bin ich!" So ging es bis Kusaie.

Und als er dort am Strande ankam und wieder fragte,
antwortete die Muschel: „Hier bin ich!"
Da gab er sich besiegt. So wurde der Hornhecht
von der schlauen Krabbe beschämt.

(Südsee-Märchen)

5.

3 Märchen gibt es in allen Kulturen. Besprecht euch gemeinsam:

a） Woran erkennt man, dass das Märchen ein Südsee-Märchen ist?

b） Kennt ihr ein europäisches Märchen, bei dem es ebenfalls um einen Wettlauf geht, der durch einen Trick gewonnen wird? Erzählt es euch.

c） Überlegt, worum es hauptsächlich in den einzelnen Absätzen geht. Ordnet die Teilüberschriften oder erfindet selbst welche.

| überlistet | die Wette | der Trick | helfende Freunde |

4 Schreibt das Märchen so um, dass es in Afrika spielen könnte.

Wir beide suchen langsame Tiere in Afrika.

Wo leben die Tiere? Wie sieht denn in Afrika die Landschaft aus?

Welche Tiere in Afrika sind schnell?

5 Übt den Vortrag eures Märchens, bis ihr es flüssig vorlesen könnt. Lest es anderen Kindern vor und lasst euch den Inhalt wiedergeben. Holt euch Rückmeldungen und überlegt, was ihr das nächste Mal besser machen wollt.

6 Suche dir gemeinsam mit anderen Kindern ein bekanntes Märchen aus. Findet (Bilder-)Bücher, Hörspiele und Filme zu dem Märchen. Besprecht euch:
– Was sind die Vorteile des jeweiligen Mediums?
– Was gefällt dir am besten? Begründe und schreibe auf.

5 In einem Märchen die Perspektive wechseln

1 Lies den Anfang des Märchens „Der Froschkönig".

Es lebte einmal ein König mit seiner wunderschönen Tochter in einem großen Schloss. Nahe bei dem Schloss des Königs lag ein großer dunkler Wald, und in dem Walde unter einer alten Linde war ein Brunnen. An dessen Rand setzte sich das Königskind oft und spielte mit seiner goldenen Kugel, das war sein liebstes Spielzeug.

Nun trug es sich einmal zu, dass die goldene Kugel beim Spiel in den Brunnen fiel. Da fing das Mädchen an zu weinen und weinte immer lauter. Plötzlich hörte es eine Stimme: „Was weinst du so, Königstochter?" Sie sah sich um, woher die Stimme käme, da erblickte sie einen Frosch, der seinen dicken hässlichen Kopf über den Brunnenrand streckte.

„Ach, du bist's, alter Wasserpatscher", sagte sie, „meine Kugel ist mir in den Brunnen gefallen."

„Was gibt du mir, wenn ich dir das Spielzeug wieder hole?", fragte der Frosch.

„Alles, was du willst", sagte sie, „meine Kleider, meine Perlen und Edelsteine …"

Der Frosch antwortete: „Das brauche ich alles nicht. Aber wenn du mich lieb haben willst, und ich darf dein Spielkamerad sein, am Tisch neben dir sitzen, von deinem Teller essen, aus deinem Becher trinken, in deinem Bettlein schlafen … wenn du mir das versprichst, so will ich dir die goldene Kugel herholen." „Ja", sagte sie, „ich verspreche dir alles! Bring mir nur die Kugel." Im Stillen aber dachte sie: „Dieser dumme Frosch, der sitzt im Wasser bei den anderen Fröschen und quakt. Der kann sowieso nicht der Freund eines Menschen sein."

Der Frosch, als er die Zusage erhalten hatte, tauchte seinen Kopf unter, sank hinab und über ein Weilchen kam er wieder herauf gerudert, hatte die Kugel im Maul und warf sie ins Gras. Die Königstochter freute sich sehr, hob die Kugel auf und sprang fort.

„Warte, warte", rief der Frosch, „nimm mich mit, ich kann nicht so laufen wie du." Aber sein Quak-quak kümmerte sie nicht, sie eilte nach Hause und hatte bald den armen Frosch vergessen, der wieder in den tiefen Brunnen hinab steigen musste.

nach den Gebrüdern Grimm

2 Suche dir andere Kinder.

– Lest die Geschichte gemeinsam mit verteilten Rollen.
– Erzählt euch das Märchen zu Ende.
– Überlegt euch, wie das Zuhause beim Froschkönig im Brunnen aussehen könnte. Ihr könnt auch gemeinsam ein Bild malen.
– Überlegt euch, wie sich der Frosch fühlt, bevor er die Königstochter trifft.
– Stellt euch vor, wie sich der Frosch fühlt, als die Königstochter davonläuft.

3 Schreibe den Anfang des Märchens aus der Sicht des Froschkönigs.

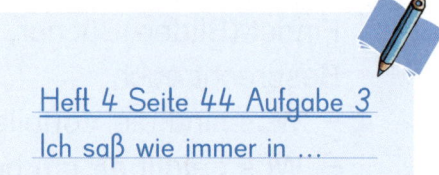

Heft 4 Seite 44 Aufgabe 3
Ich saß wie immer in …

Gereimte Gedichte können unterschiedliche Reimmuster haben.

Über einen grünen Rasen   Paarreim
tollen zweiundzwanzig Hasen,
schlagen Haken kreuz und quer,
etwas Rundem hinterher.   Paarreim

Georg Bydlinski

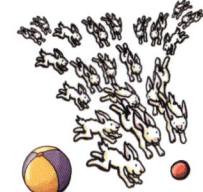

Bei einem **Paarreim** reimen sich immer zwei aufeinander folgende Verse.

Otto ist ein reicher Hund,   Kreuzreim
er hat vierzehn bunte Schleifen,
sieben Knochen, glatt und rund,
und zwei alte Autoreifen.

Georg Bydlinski

Beim **Kreuzreim** stehen die Reimwörter „über Kreuz", es reimen sich der erste und der dritte Vers sowie der zweite und der vierte.

Manchmal mischen Dichter auch verschiedene Reimmuster.

1 Überprüfe für jedes Gedicht das Reimmuster.

Heft 4 Seite 45 Aufgabe 1
A = Paarreim ...

A

Die Katze

So ist die Katze: allzeit rein.
Und wie auf Moos geht sie, so fein.
Da gäbe manche Maus was drum,
hätt jede Katz ein Glöcklein um.

Josef Guggenmos

B

Der Specht

In einen Baumstamm hackt der Specht
ein Nest für seine Jungen.
Der Specht, der kann's! Sein Kopf ist fest,
sonst wär er längst zersprungen.

Josef Guggenmos

C

Das faule Krokodil

Es war ein faules Krokodil,
das lag zwei Monate ganz still.
Dann schlief es sieben Jahre ein
und schließlich schien es tot zu sein.

Joachim Ringelnatz

D

Das Nilpferd

Wer nie ein Nilpferd gähnen sah,
der weiß nicht, wie man gähnen kann.
Denn so aus Herzensgrund Uu-aah!!
kann's keiner, weder Gaul noch Mann.

Josef Guggenmos

5. Ein Gedicht untersuchen

1 Finde die richtige Reihenfolge der Gedichtstrophen heraus.

Kirschkerne spucken

Ki-Ki-Kirschkerne spucken,
pffft!
pfffft
gegen den Sturm,
ist schon enurm.

Ki-Ki-Kirschkerne spucken,
pft!
pfft!
gegen den Wind,
das kann jedes Kind.

Ki-Ki-Kirschkerne spucken,
pfft!
pffft!
gegen den Föhn*,
ist leicht und schön.

Ki-Ki-Kirschkerne spucken,
pffffffff!
pffffffffffffffff!
gegen den Orkan,
phhh!
kann keiner an.

Gerald Jatzek

_____

* Föhn: warmer, schwacher Wind

2 Schreibe die zwei sprachlichen Besonderheiten heraus, an denen du die Reihenfolge der Strophen erkannt hast.

Heft 4 Seite 46 Aufgabe 2
1. Wind, ...
2. ...

3 Untersuche das Gedicht.
 – Wie heißt die Überschrift?
 – Wie heißt der Autor?
 – Wie viele Strophen hat das Gedicht?
 – Wie viele Verse hat das Gedicht?
 – Schreibe die Reimwortpaare auf.

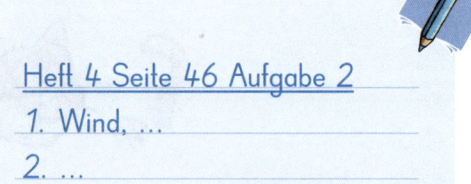

Heft 4 Seite 46 Aufgabe 3
Überschrift: Kirschkerne spucken
Autor: ...

...

4 Suche dir andere Kinder.
Wählt gemeinsam eine Aufgabe und bearbeitet sie.
 – Vertont das Gedicht mit Instrumenten.
 – Tragt das Gedicht betont vor und baut das Kirschkernspucken ein.
 – Schreibt das Gedicht weiter (zum Beispiel mit Hurrikan, Tornado, Taifun ...).
 – Malt Bilder zum Gedicht.

5. Ein Gedicht umschreiben

1 Lies das Gedicht.

April! April!
Morgens Sonne
mittags Schnee
und dann wieder
Sturm o je
plötzlich heiß
so ein Wetter
niemand weiß
was der Unfug
wirklich soll
ist die Welt denn
plötzlich toll
Gott sei Dank
weiß jedes Kind
es ist der April
der spinnt!
Walter Mahringer

2 Suche dir ein Partnerkind.
Besprecht, worum es in dem Gedicht hauptsächlich geht.

3 Schreibt auf, wie sich das Wetter
im Laufe des Gedichtes verändert.

Heft 4 Seite 47 Aufgabe 3
1. morgens Sonne,
2. ...

4 Suche dir mit deinem Partnerkind andere Kinder.
Schreibt das Gedicht in einen Wetterbericht um.
Überlegt euch dabei:
– Wie ist ein Wetterbericht aufgebaut?
– Was ist anders als bei einem Gedicht?

morgens Sonne

mittags Schnee

Heute zunächst sonnig bei frühlingshaften Temperaturen. Mittags jedoch ...

5 Ein eigenes Gedicht schreiben

1 Lies das Gedicht.

Ich male mir den Winter

Ich male ein Bild,
ein schönes Bild,
ich male mir den Winter.
Weiß ist das Land,
schwarz ist der Baum
grau ist der Himmel dahinter.

Sonst ist da nichts,
da ist nirgends was,
da ist weit und breit nichts zu sehen.
Nur auf dem Baum,
auf dem schwarzen Baum
hocken zwei schwarze Krähen.

Aber die Krähen,
was tun die zwei,
was tun die zwei auf den Zweigen?
Sie sitzen dort
und fliegen nicht fort.
Sie frieren nur und schweigen.

Wer mein Bild besieht,
wie's da Winter ist,
wird den Winter durch und durch spüren.
Der zieht einen dicken Pullover an
vor lauter Zittern und Frieren.

Josef Guggenmos

5

3 Schreibt in der Gruppe nach dem Muster
„Ich male mir den Winter"
ein eigenes Gedicht zu einer Jahreszeit.

Diese Fragen können helfen:
- Wie sieht die Landschaft aus?
- Welche Tiere sieht man in der Jahreszeit oft?
- Was tun die Tiere?
- Wie ist das Wetter?
- Welche Kleidung tragen die Menschen?

 Heft 4 Seite 49 Aufgabe 3

4 Lest euch das Gedicht nochmals durch.
Überlegt gemeinsam:
Kann man sich die Jahreszeit gut vorstellen?
Verbessert, wenn nötig.

Heft 4 Seite 49 Aufgabe 4

5 Veranstaltet ein Jahreszeitenrätsel:
Lest den anderen Gruppen euer Gedicht
ohne Überschrift und Jahreszeit vor und lasst sie raten,
welche Jahreszeit ihr beschrieben habt.

Wenn ihr wollt,
könnt ihr für eure Gedichte
ein schönes Schmuckblatt
gestalten.

6 Sich in jemanden hineinversetzen

Jule ist geplagt von einem nervösen Hautausschlag, der sofort auflodert, wenn sie gestresst ist. Dass dies kurz nach der Geburt ihrer kleinen Schwester vor sieben Jahren angefangen hat, hält Jule keineswegs für Zufall.

1 Lies den Text aufmerksam durch.

Jule fuhr schnaubend herum. Direkt hinter ihr stand Affi und trällerte das Lied, das sie diese Woche auf dem Spielplatz aufgeschnappt hatte. Es hieß „Das Lästige Lied", und es machte seinem Namen alle Ehre, denn der Trick dabei war, es einfach immer und immer wieder zu singen. Jules Ausschlag breitete sich aus wie ein Lauffeuer, an ihren Armen hoch und an ihren Beinen hinunter. Sie musste etwas tun, ehe sie völlig durchdrehte. Und da gab es nur eines.

2 Schreibe auf, was du tust, um dich zu beruhigen, wenn du kurz vor dem Platzen bist.

Heft 4 Seite 50 Aufgabe 2
Wenn ich kurz vor dem Platzen bin, ...

Sortieren. Das war Jules Art, sich zu beruhigen. Während andere Kerzen anzündeten, Musik hörten oder ein heißes Bad nahmen, sortierte Jule die vielen merkwürdigen Sammlungen, die sie in ihrem Zimmer aufbewahrte. Nur um das hier mal festzuhalten, sie besaß:
- eine Radiergummisammlung (143 Stück)
- eine Sammlung getrockneter Cicada-Muscheln (insgesamt 51)
- ein Schreibheft mit einer langen Liste von Nummernschildern (Jedes Auto, das in Jules Straße parkte, wurde in diesem Heft notiert.)
- Anstecker, mit denen hervorragende Teilnahme am Unterricht belohnt wurde (12 bei der letzten Zählung)
- eine Schachtel voll mit benutzten Busfahrkarten (Am Dienstag waren es 67 gewesen.)
- Piranha, ihre fleischfressende Pflanze

Außerdem hatte sie noch eine Reihe winziger Kakteenpflanzen, die sie seit dem Frühling sammelte. Es gefiel ihr, wie die sogar ohne Regen immer weiterwuchsen. Es gefiel ihr, wie die ganz für sich allein zurechtkamen.

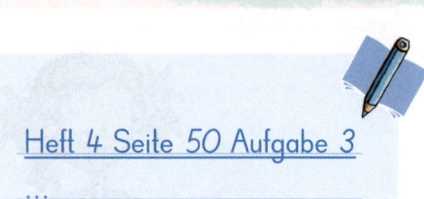

Warum heißt die Pflanze Piranha? Wie sehen Cicada-Muscheln aus? Forsche nach.

3 Schreibe eine Liste von deinen Besitztümern. Wähle etwas davon aus, das dir wichtig ist, und begründe, warum.

Heft 4 Seite 50 Aufgabe 3
...

6

4 Lies weiter.

Jule zog eine hellblaue Dose hervor. Mit dickem, silbernem Marker hatte sie ihre Anfangsbuchstaben auf den Deckel geschrieben: JJJ, wie drei Angelhaken nebeneinander.
In dieser Dose bewahrte Jule ihre Zahnsammlung auf, gebettet auf weißer Watte,
damit es die Zähne auch richtig gemütlich hatten. „Wie sortiere ich denn heute mal?",
überlegte sie. Nach Farbe (weiß, weißlich-gelb, gelblich-weiß, grau), nach Form
(dick und viereckig, scharf und spitz, die mit Füllungen, die mit Löchern) oder nach
Herkunft (von Papa, Affi, ihr selbst oder ihrer besten Freundin, Betty)? Sie setzte
sich im Schneidersitz auf den Teppich und balancierte die Dose auf den Knien.
„Ich glaube, nach Form …" Vorsichtig hob sie den Deckel der Dose und schaute hinein.
Die Zähne waren weg!

a) Vermute, was mit den Zähnen passiert sein könnte.

Jule wusste sofort Bescheid: „Affi!"
Kurze Zeit später fand Mama die beiden Schwestern im
schönsten Zank. „Warum kannst du deine Pfoten
nicht von meinen Sachen lassen?"
„Hä?" „Ich weiß genau, dass du meine Zähne geklaut hast."
„Zähne?" „Jawohl, Zähne! Die aus meiner Sammlung!"
„Ach, diiiiiie", sagte Affi. „Die hab ich mir ausgeliehen um ein künstliches Gebiss
zu basteln.",Was?!",Mit Knete.",Affi!"
„Und Sekundenkleber."
Jules Haut juckte wie blöd. Sie stieß einen langen, lauten Schrei aus.

Heft 4 Seite 51 Aufgabe 4
a) Vielleicht …
b) Jule: „…"
d) …

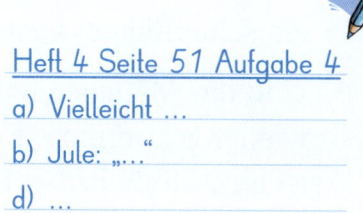

b) Jules Mutter ist Psychologin und möchte immer, dass die beiden Schwestern
über ihre Gefühle sprechen. Schreibe auf, was Jule wohl über Affi sagt.

c) Lies den letzten Abschnitt. Vergleiche deinen Text mit dem der Autorin.

Jules Haut brannte. Vielleicht wurde es wirklich Zeit, einige ihrer Gefühle beim Namen
zu nennen. „Wenn Affi", presste sie hervor, „sich immer wieder und wieder und wieder,
ohne zu fragen, meine Sachen holt, dann fühle ich, dass ich ihr wahnsinnig gern eine
reinsemmeln würde." „Julia!", rief Mama. „Das ist wirklich nicht der Sinn dieser Übung."

Marianne Musgrove

d) Überlege, wie das Gespräch weitergehen könnte.
Versuche eine Lösung zu finden, mit der alle zufrieden sind.

6 Über eine Geschichte nachdenken

1 Lies die Geschichte durch.

Die Geschichte vom grünen Fahrrad

Einmal wollte ein Mädchen sein Fahrrad anstreichen. Grün hat dem Mädchen gut gefallen. Aber der große Bruder hat gesagt: „So ein grasgrünes Fahrrad habe ich noch nie gesehen. Du musst es rot anstreichen, dann wird es schön."

Rot hat dem Mädchen auch gut gefallen. Also hat es rote Farbe geholt und das Fahrrad rot gestrichen. Aber ein anderes Mädchen hat gesagt: „Rote Fahrräder haben doch alle! Warum streichst Du es nicht lila an?"

Das Mädchen hat sich das überlegt und dann hat es sein Fahrrad lila gestrichen. Aber der Nachbarsjunge hat gesagt: „Lila? Das ist doch keine schöne Farbe. Gelb ist viel lustiger!" Und das Mädchen hat auch gleich gelb viel lustiger gefunden und gelbe Farbe geholt. Aber eine Frau aus dem Haus hat gesagt: „Das ist ein scheußliches Gelb. Nimm hellblaue Farbe, das finde ich schön!"

Und das Mädchen hat sein Fahrrad hellblau gestrichen. Aber da ist der große Bruder wieder gekommen. Er hat gerufen: „Du wolltest es doch rot anstreichen! Hellblau ist eine blöde Farbe. Rot musst Du nehmen, Rot!" Da hat das Mädchen laut gelacht und wieder den grünen Farbtopf geholt und das Fahrrad grün gestrichen, grasgrün. Und es war ihm egal, was die Anderen gesagt haben.

Ursula Wölfel

2 Ordne die Bilder zum Text
in der richtigen Reihenfolge.
Schreibe das Lösungswort auf.

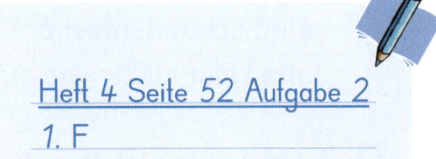

Heft 4 Seite 52 Aufgabe 2
1. F

| F | B | A | R | E | N |

3 Suche dir andere Kinder.
- Erzählt, ob ihr schon einmal versucht habt, es allen recht zu machen.
- Überlegt, wie die Anderen das grüne Fahrrad finden könnten und
was das Mädchen sagt, wenn es mit seinem grünen Fahrrad herumfährt.
Spielt es anderen Kindern vor.

6. Gedanken zu Handlungsweisen entwickeln

1 Lies den Text.

Wie Bernd und Frieder miteinander reden

Bernd: Geh mir mal aus dem Weg.

Frieder: Warum?

Bernd: Weil du mir im Weg stehst.

Frieder: Aber du kannst doch an mir vorbeigehen.
Da ist jede Menge Platz.

Bernd: Das kann ich nicht.

Frieder: Warum?

Bernd: Weil ich geradeaus gehen will.

Frieder: Warum?

Bernd: Weil ich das will. Weil du jetzt mein Feind bist.

Frieder: Warum?

Bernd: Weil du mir im Weg stehst.

Frieder: Darum bin ich jetzt dein Feind?

Bernd: Ja. Darum.

Frieder: Und wenn ich dir aus dem Weg gehe, bin ich dann auch noch dein Feind?

Bernd: Ja. Weil du dann ein Feigling bist.

Frieder: Was soll ich denn machen?

Bernd: Am besten, wir verkloppen uns.

Frieder: Und wenn wir uns verkloppt haben, bin ich dann noch dein Feind?

Bernd: Ich weiß nicht. Kann sein.

Frieder: Dann geh ich dir lieber aus dem Weg und bin ein Feigling.

Bernd: Ich habe gewusst, dass du ein Feigling bist.
Von Anfang an habe ich das gewusst.

Frieder: Wenn du es schon vorher gewusst hast,
warum bist du dann nicht an mir vorbeigegangen?

Peter Härtling

2 Finde andere Kinder. Besprecht euch:
- Wie unterscheiden sich die Sätze der beiden? Achtet auf die Satzzeichen.
- Bernd behauptet, dass Frieder ein Feigling ist. Stimmt das?
- Überlegt, welche Eigenschaften Bernd und Frieder haben könnten.
  Wie stellt ihr euch die beiden vor?

3 Lest den Text mit verteilten Rollen. Versucht, mit Gestik und Mimik
das Gesagte und den Charakter der beiden zu unterstreichen.
Tragt dann das Gespräch anderen Kindern vor und holt euch Rückmeldung.

6 Fabeln lesen und szenisch interpretieren

> **Fabeln** sind kurze lehrreiche Geschichten, in denen oft zwei Tiere die Hauptfiguren sind. Die Tiere sprechen und handeln wie Menschen. Sie stehen für bestimmte menschliche Eigenschaften, zum Beispiel ist der Wolf grimmig, der Löwe mächtig und das Schaf leichtgläubig.

1 Suche dir ein Partnerkind. Lest die Fabel.

Der Löwe und das Mäuschen

Ein Mäuschen war einmal so in seine Futtersuche vertieft, dass es nicht bemerkte, wie es über die Tatze eines schlafenden Löwen lief.

Dem Löwen kitzelte es an der Pfote, er wachte auf und ergriff mit seinen riesigen Pranken das kleine Mäuschen.

„Oh", flüsterte das Mäuschen erschrocken, „verehrter Herr Löwe, wie unvorsichtig und dumm von mir! Ich wollte Sie niemals aus Ihrem wohlverdienten Schlaf reißen. Verzeihen Sie mir und lassen Sie mich gehen. Ich werde Ihnen zu ewigem Dank verpflichtet sein und Ihre gute Tat eines Tages mit etwas Gutem vergelten."

Der Löwe, der im ersten Moment tatsächlich das Mäuschen aus Wut über seinen gestörten Schlaf mit einem Happs hatte verspeisen wollen, musste lächeln.

„Eine gute Tat mit etwas Gutem vergelten?", wiederholte er ernst, konnte sich aber kaum das Lachen verkneifen. „Ja, das ist natürlich ein Angebot, das ich keinesfalls ablehnen kann." So öffnete er seine Pfoten und ließ die Maus in Freiheit. Als er dem davonhuschenden kleinen Tierchen hinterher sah, dachte er vergnügt bei sich: Wann sollte ich jemals vom Dank einer kleinen Maus abhängig sein?

Dieser Gedanke ist wirklich zu komisch!

Bald darauf geriet der Löwe in eine Falle. Der Löwe tobte in und zerrte an dem Netz, das ihn gefangen hielt, aber die Maschen waren zu eng. Er konnte sich auch mit der größten Kraft nicht befreien.

Da flitzte das Mäuschen herbei. Es hatte den Löwen brüllen hören. Als es ihn in dem Netz gefangen sah, sagte es ruhig: „Damals hast du mich nicht ernst genommen, obwohl ich es ernst meinte. Aber ich halte mein Wort."

Und bevor der verwunderte Löwe noch einmal brüllen konnte, hatte das Mäuschen ein so großes Loch in das Netz genagt, dass er sich selbst befreien konnte.

Lehre: Selbst Unbedeutende können dir helfen, darum behandle auch die Schwachen nicht übermütig.

Fabel nach Aesop

2 Suche dir mit einem Partnerkind weitere Kinder.
Bearbeitet gemeinsam die Aufgabe.

Der Löwe hat die Maus gefangen.

Stellt euch vor, ein unsichtbarer Fotograf hätte ein Foto
von dieser Situation gemacht.
Versetzt euch in die Figur des Löwen und der Maus und
überlegt gemeinsam, wie ihr sie darstellen könnt.

Diese Fragen können euch helfen:
– Wie fühlt sich der Löwe? Welche Körperhaltung passt deshalb zu ihm?
– Wie fühlt sich die Maus? Wie kann man das sehen?
– Wie sehen die Gesichter der beiden aus? Welche Mimik haben sie?
– Überlegt euch, wie Löwe und Maus zueinander stehen.

3 Stellt auch diese Situation nach:
Der Löwe ist gefangen und braucht die Hilfe der Maus.

4 Besprecht euch gemeinsam:
– Was ist anders bei der Darstellung der Tiere?
– Die Lehre der Fabel ist: Auch der Schwache kann dem Starken helfen.
Habt ihr schon Situationen erlebt, die zu dieser Lehre passen?

6 Sich Gedanken zu einem Text machen

Kai wäre eigentlich gern ein ganz normaler Junge. Doch Coolman, den nur Kai sehen kann, begleitet ihn ständig – ob Kai will oder nicht. Und dann sind da auch noch Kais Eltern.

1 Lies Kais Gedanken über seine Eltern aufmerksam durch.

Ich versuche, unbemerkt in mein Zimmer zu gelangen. Als ich mich an der Küchentür vorbeischleiche, sehe ich, wie meine Muter und mein Vater an der Spüle stehen und knutschen. Das tun sie ständig. Auch wenn sie nicht gerade für ihre neuen Rollen üben. Meine Eltern lieben sich auch nach zwanzig Jahren noch heiß und innig und das ist noch viel peinlicher als die Schaukel und der Tonhaufen im Vorgarten. Ständig halten sie Händchen und geben sich Küsschen, als wären sie frisch verliebte Teenager. Die meisten meiner alten Schulkameraden in den tausend Klassen, die ich schon besucht habe, hatten da mehr Glück. Deren Eltern waren geschieden.

2 Kai glaubt, man hätte Vorteile, wenn die Eltern geschieden sind.

a) Überlege: Welche Vorteile könnten das sein?

b) Lies weiter und ergänze, was Kai dazu schreibt.

Heft 4 Seite 56 Aufgabe 2
a) ...
b) ...

Die fahren im Sommer zweimal in den Urlaub und zum Geburtstag kriegen sie doppelt Geschenke. Das Beste aber ist: Man kann Mama und Papa toll gegeneinander ausspielen, weil sie sich sowieso nicht mehr leiden können.

Würdest du gerne mit Kai tauschen?

Bei meinen Eltern funktioniert das nicht. Die sind immer einer Meinung. Immer. Auch jetzt. Sie haben kurz mit ihrer Knutscherei aufgehört und mich in den nassen Sachen im Flur entdeckt.
„Zieh dich sofort um! Du holst dir noch den Tod", rufen sie gleichzeitig, und es ist wirklich beeindruckend, wie sie es schaffen, zeitgleich genau dasselbe zu sagen.

Bertram & Schulmeyer

3 Beschreibe die Beziehung von Kais Eltern.

Heft 4 Seite 56 Aufgabe 3
...

4 Lies dein Ergebnis von **3** einem Partnerkind vor.

6 Vermutungen zum Textinhalt anstellen

1 Schau das Bild aus Wandas Geheimnotizen an.
Vermute, was passiert ist.

Heft 4 Seite 57 Aufgabe 1
...

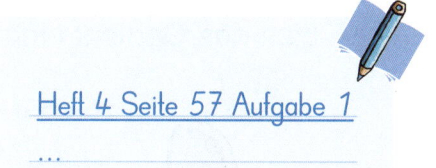

2 Lies, was Wanda dazu schreibt:

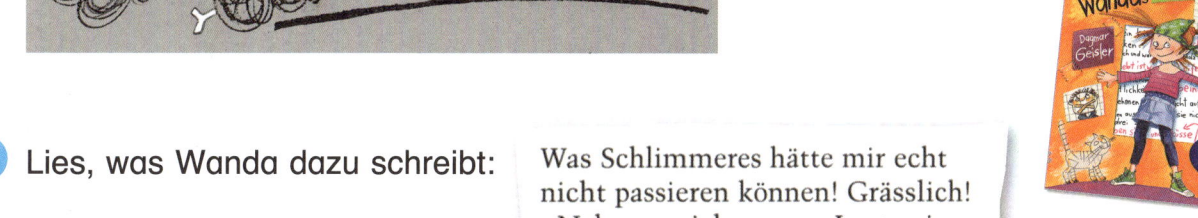

Was Schlimmeres hätte mir echt nicht passieren können! Grässlich! Nebenan ziehen neue Leute ein. Und ausgerechnet *die*. Ich fass es nicht!

3 Lies weiter und überlege:

a) Wer ist Schilling?

b) Warum will Wanda nicht mit Fabian nach Hause laufen?

Heft 4 Seite 57 Aufgabe 3
a) ...
b) ...

MONTAGMITTAG

Nach der Schule ist es viel schwieriger, Fabian aus dem Weg zu gehen. Erst stand er noch am Schultor rum und schwätzte. Als er dann endlich abgezogen ist, hat er sich dauernd umgedreht.

Deshalb gehe ich jetzt einen blöden Umweg. Dabei habe ich einen Riesenhunger. Schilling, der alte Nasenpopler, sitzt jetzt wahrscheinlich schon beim Essen und ich trabe in der Mittagshitze die Bahnhofstraße runter. Die Welt ist einfach ungerecht.

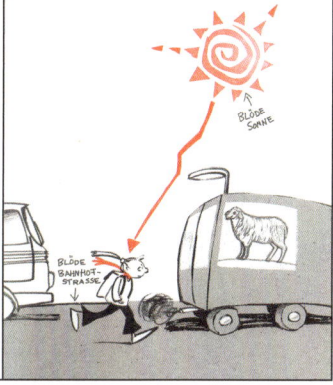

4 Lies Wandas Schimpfwörterliste und beschreibe Fabian mit einem Wort. Vergleiche mit einem Partnerkind.

Heft 4 Seite 57 Aufgabe 4
Fabian ist ein ...

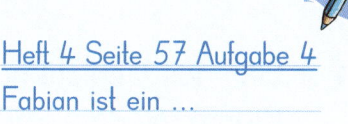

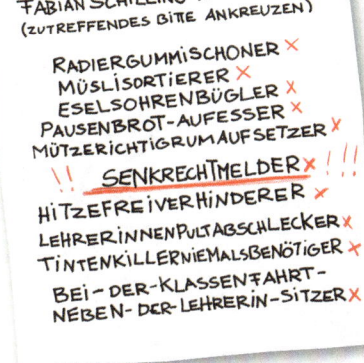

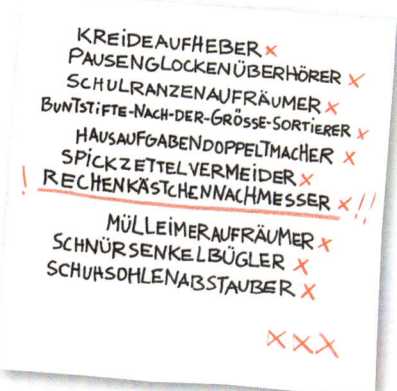

7 Ein Gedicht rhythmisch vortragen

① Lies das Gedicht einmal leise.

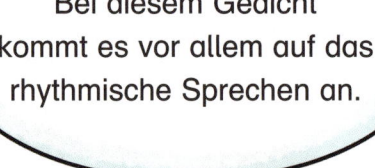

Bei diesem Gedicht kommt es vor allem auf das rhythmische Sprechen an.

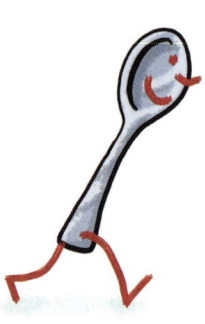

Nach dem Spülen

Und Löffel zu Löffel ins Löffelfach
und Gabel zu Gabel ins Gabelfach
und Messer zu Messer ins Messerfach –
    Ach, was für'n Krach!
    Wenn ich will, bin ich still.
Und Löffel zu Löffel ins Löffelfach
und Gabel zu Gabel ins Gabelfach
und Messer zu Messer ins Messerfach –
    Wenn ich will, bin ich still.
    Manchmal, wenn ich lustig bin,
    werf ich alles lustig hin:

Und Löffel zu Löffel ins Gabelfach
und Gabel zu Gabel ins Messerfach
und Messer zu Messer ins Löffelfach –
    Manchmal, wenn ich lustig bin,
    werf ich alles lustig hin.
    Manchmal geht es mir so gut,
    da packt mich der Übermut:

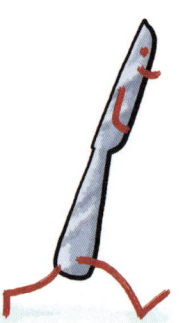

Und Löffel zu Gabel ins Messerfach
und Gabel zu Messer ins Löffelfach
und Messer zu Löffel ins Gabelfach –
    Ach, was für'n Krach!
    Wenn ich will –
    bin ich still.

Erwin Grosche

Und Löffel zu Löffel ins Löffelfach …

② Lies das Gedicht noch einmal leise.
Klopfe mit dem Fuß, der Hand oder einem Stift passend zu deinem Sprechrhythmus.

③ Lies das Gedicht laut.
Verwende diesmal mehrere Besteckteile oder Stifte und mache passende Bewegungen, um deinen Sprechrhythmus zu unterstützen.

7 Besonderheiten eines Hörspiels kennen lernen

> In einem **Hörspiel** wird eine **Geschichte mit Tönen und Klängen** erzählt.
> Ein **Erzähler** beschreibt die Handlungen oder fasst sie zusammen.
> Die **wörtliche Rede** wird mit verteilten Rollen gesprochen.
> **Geräusche** und **Musik** verdeutlichen die Handlung und erzeugen Stimmungen,
> z. B. Spannung.

1 Lies das Drehbuch.
Überlege, um welche Textsorte es sich handelt.

Erzähler: Es ist Mitternacht.
Durch die dunklen Gassen, die nur
spärlich von einigen Straßenlaternen
beleuchtet werden, läuft eine Frau.
Sie läuft, als ginge es um ihr Leben.

Erzähler: Wenige Meter hinter ihr,
folgt ein Mann. Er versucht
die Frau einzuholen.

Erzähler: Ein Polizeiauto rast um die Ecke
und hält.

Erzähler: Ein Polizist reißt die Tür auf,
springt aus dem Wagen und stellt
sich dem Verfolger in den Weg.

Polizist *(streng):* „Halt!
Bleiben Sie sofort stehen!"

Erzähler: Doch der Verfolger stößt
ihn zur Seite.

Verfolger *(wütend):* „Mann, aus dem Weg!
Wer zuletzt zu Hause ist,
muss das Geschirr abwaschen."

Die Uhr schlägt zwölf Mal.

*schnelle Schritte,
immer lauter, Keuchen*

*Schnelle Schritte
kommen dazu.*

Bremsenquietschen

> Achte beim nächsten Mal,
> wenn du ein Hörspiel anhörst,
> besonders auf die Nebeneffekte wie
> die Musik und die Geräusche.

*noch schnellere Schritte,
die sich entfernen*

2 Suche dir andere Kinder. Nehmt das Hörspiel auf.
Vergleicht euer Ergebnis mit den Ergebnissen anderer Gruppen.

Bei einer **Fotostory**[1] wird jeder Abschnitt einer Geschichte mit Bildern erzählt. Damit man die Handlung und die Gefühle der Personen verstehen kann, ist die **Körpersprache** besonders wichtig. Oft gibt es auch **Sprechblasen** wie bei einem Comic.

1 Story (engl.): Geschichte

1 Sieh dir die Bilder an.

a) Finde eine passende Überschrift.

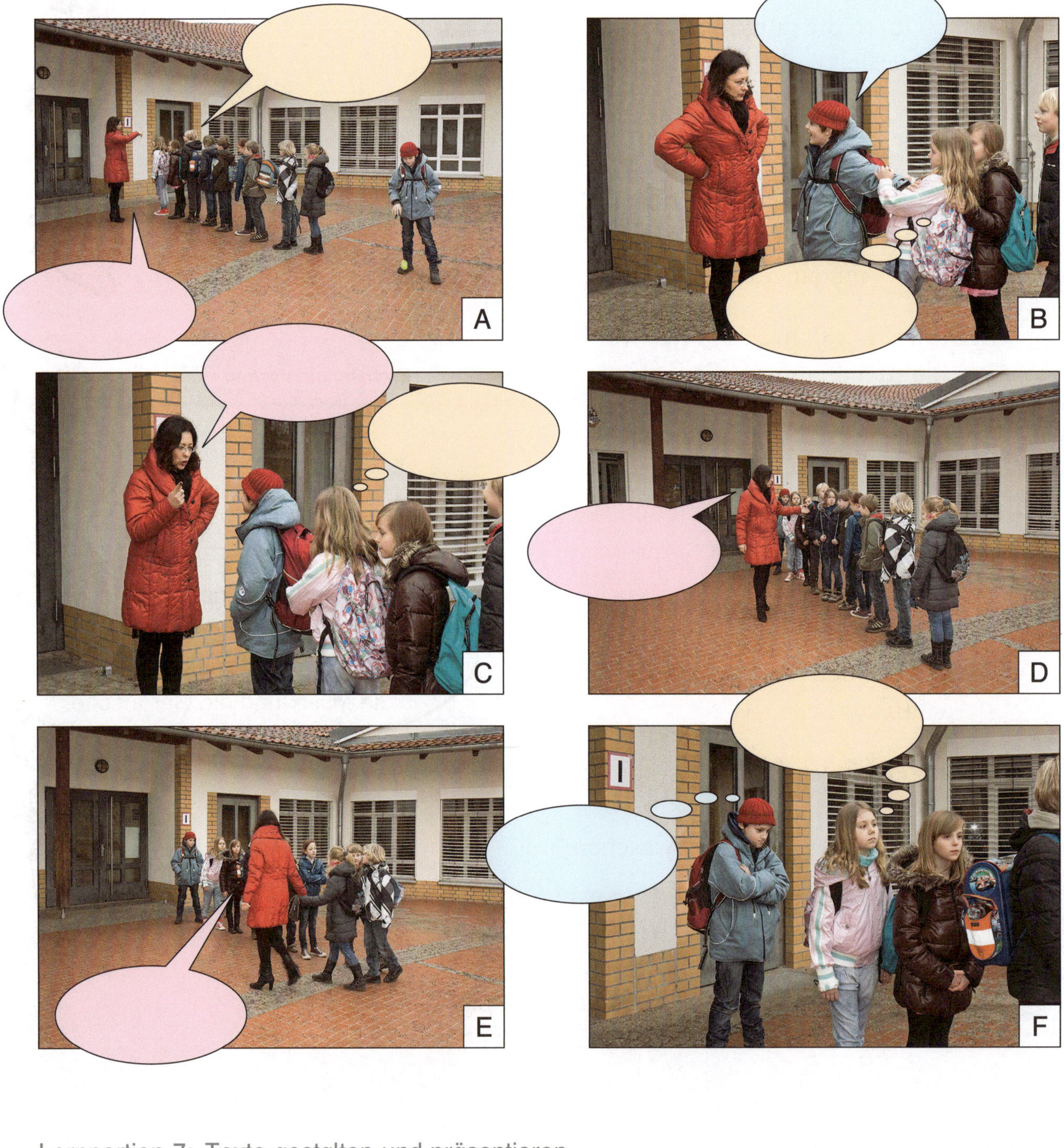

b) Ordne die Textaussagen den Bildern zu.

– Die Lehrerin geht an der ganzen Schlange vorbei.

– Ole ist nun der Letzte und ärgert sich.

– Ole steht abseits und spielt Jo-Jo.

– Die Lehrerin zählt die Schüler.

– Ole drängelt sich an den ersten Platz.

– Die Schüler warten vor dem Schwimmbad.

– Die Lehrerin schaut Ole streng an.

– Die Lehrerin stellt sich an das andere Ende der Schlange
und führt die Klasse ins Schwimmbad.

– Die Schüler drehen sich um.

Heft 4 Seite 60/61 Aufgabe 1
a) Überschrift: ...
b) Bild A: Die Schüler warten
vor dem Schwimmbad.
Die Lehrerin ...

2 Schreibe auf, was die Personen
auf den Bildern sagen oder denken.
Benutze die Farben der Sprechblasen.

Heft 4 Seite 60/61 Aufgabe 2
Bild A: „..."
„..."
Bild B: „..."

3 Lies den folgenden Witz mit einem Partnerkind.
Überlegt, wie ihr ihn in vier Bildern
darstellen könnt.

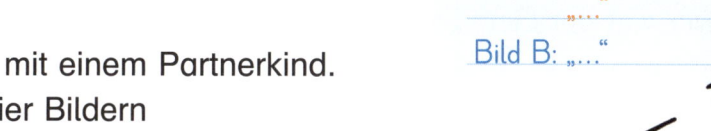

Überlegt, wie ihr zeigen
könnt, dass die beiden Geschwister sind.
Wahrscheinlich braucht ihr dazu Sprechblasen.
Es können natürlich auch zwei
Schwestern sein.

Zwei Brüder haben Streit.

Bei ihrer Rauferei geht etwas Wertvolles zu Bruch.

Nun schauen sie mit betretenen Gesichtern zu Boden und überlegen,

wer das nun am besten der Mutter beibringt.

Bis der Jüngere aufschaut und meint:

„Das machst am besten du, du kennst sie schon länger!"

a) Zeichnet die Bilder mit Strichmännchen auf vier Blättern auf.
Überlegt euch zu jedem Bild Sprechblasen und tragt sie auf den Bildern ein.

b) Stellt eure Bilder als Standbilder stumm nach. Wenn möglich, fotografiert die Szenen,
druckt sie aus und fügt Sprechblasen ein.

7 Eine Ballade mithilfe von Bildern vortragen

1 Lies die Ballade mit einem Partnerkind aufmerksam durch.

Ballade vom schweren Leben des Ritters Kauz vom Rabensee

Es war ein alter Ritter,
Herr Kauz vom Rabensee.
Wenn er nicht schlief, dann stritt er.
Er hieß: der Eiserne.

Sein Mantel war aus Eisen,
Aus Eisen sein Habit[1].
Sein Schuh war auch aus Eisen.
Sein Schneider war der Schmied.

Ging er auf eine Brücke
Über den Rhein – pardauz!
Sie brach in tausend Stücke.
So schwer war der Herr Kauz.

Lehnt er an einer Brüstung,
Es macht sofort: pardauz!
So schwer war seine Rüstung.
So schwer war der Herr Kauz.

Und ging nach solchem Drama
Zu Bett er, müd wie Blei:
Sein eiserner Pyjama[2]
Brach auch das Bett entzwei.

Der Winter kam mit Schnaufen,
Mit Kälte und mit Schnee.
Herr Kauz ging Schlittschuh laufen
Wohl auf dem Rabensee.

Er glitt noch eine Strecke
Aufs stille Eis hinaus.
Da brach er durch die Decke
Und in die Worte aus:

Potz Bomben und Gewitter,
Ich glaube, ich ersauf!
Dann gab der alte Ritter
Sein schweres Leben auf.

Peter Hacks

1 Habit: Gewohnheit
2 Pyjama: Schlafanzug

Eine Ballade ist ein meist längeres Gedicht, das eine ganze Geschichte erzählt und sich besonders gut zum Vortragen eignet.

2 Malt abwechselnd zu jeder Strophe der Ballade ein Bild.

3 Legt die Bilder in der richtigen Reihenfolge auf einen Stapel.
Nehmt nun nacheinander die Bilder, zeigt sie eurem Publikum
und tragt dazu die passende Strophe vor.
Besprecht gemeinsam, ob die Bilder für das Textverständnis hilfreich waren.

8 Über das Lesen nachdenken

1 In deiner Grundschulzeit hast du viele Bücher in der Schule oder zu Hause gelesen. Überlege, welche drei Bücher dir besonders gut gefallen haben. Schreibe die Titel und den Namen des Autors oder der Autorin auf.

Heft 4 Seite 63 Aufgabe 1
Titel 1: ...

2 Überlege, welches Buch oder Hörspiel du deinen Klassenkameraden empfehlen würdest. Stelle es deiner Klasse vor. Gestalte ein ansprechendes Informations-Blatt.

Buchvorstellung

Titel:
Nick muss keine
Angst mehr haben

Autor:
Achim Bröger

Hauptpersonen:
Nick und seine Schwester Nele

Das passiert in meinem Buch:
Immer wenn Nick und Nele Angst haben, wissen sie sich zu helfen.

Diese Stelle hat mir am besten gefallen:
Nele hat ihre Mama im Kaufhaus verloren. Als sie sich wieder gefunden haben, gehen sie zusammen ein Eis essen.

3 Suche dir andere Kinder. Überlegt euch, welche Textsorten oder Medien euch besonders gefallen.

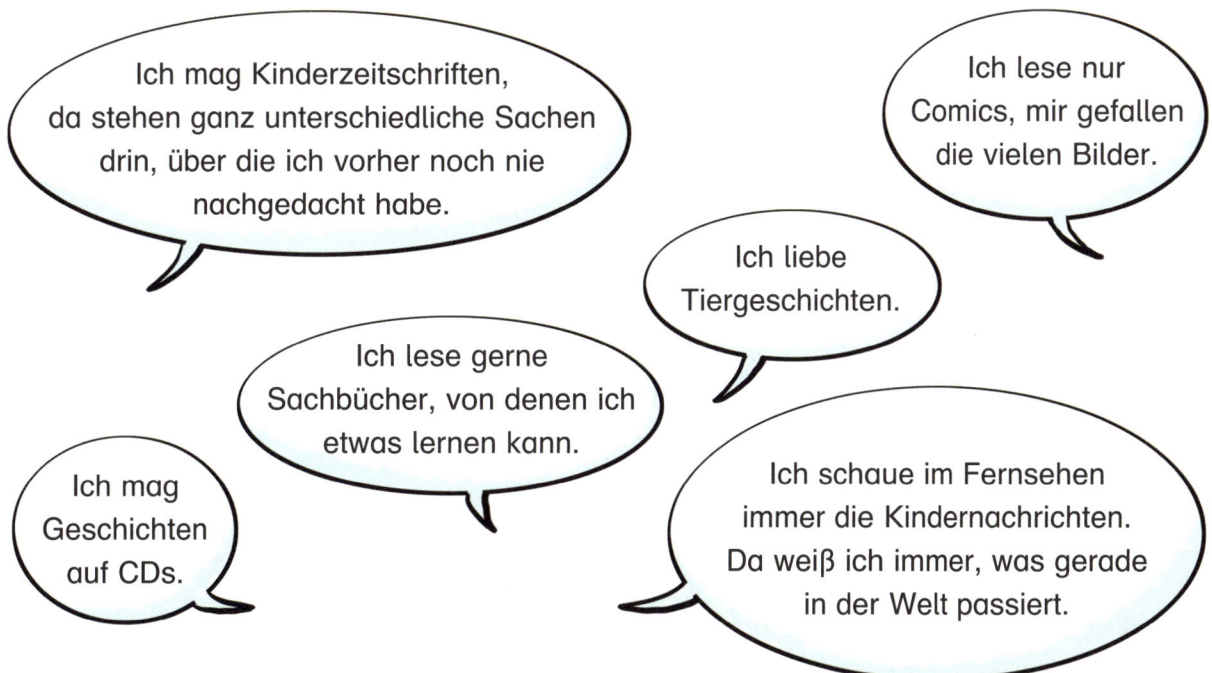

Ich mag Kinderzeitschriften, da stehen ganz unterschiedliche Sachen drin, über die ich vorher noch nie nachgedacht habe.

Ich lese nur Comics, mir gefallen die vielen Bilder.

Ich liebe Tiergeschichten.

Ich lese gerne Sachbücher, von denen ich etwas lernen kann.

Ich mag Geschichten auf CDs.

Ich schaue im Fernsehen immer die Kindernachrichten. Da weiß ich immer, was gerade in der Welt passiert.

 1 Lies das Interview.

„Bücher sind wie Schokolade"

Die Kinderbuchautorin Cornelia Funke erzählt, warum Lesen lebenswichtig, manchmal aber auch gefährlich ist

Von Regine Warth

Cornelia Funke ist als Kinderbuchautorin zum Weltstar geworden. Ihr Buch „Reckless" führt gerade die Spiegel-Liste mit den meistverkauften Büchern in Deutschland an. Als sie in Stuttgart zu Gast war, hat sie erzählt, wie sie auf die Idee gekommen ist, Bücher zu schreiben.

Frau Funke, Sie sagen, Sie haben die Geschichte zu „Reckless" gefunden. Wie findet ein Schriftsteller eine Geschichte?

Die Geschichten finden einen sogar immer selber. Man fragt sich ja, warum von den Tausenden von Einfällen im Laufe des Tages gerade der eine haften bleibt. Und warum sich diese Geschichte durchsetzt, dass man beschließt, ein oder zwei Jahre seines Lebens mit ihr zu verbringen. Deswegen habe ich das Gefühl, die Geschichten finden einen. Bei dem Buch „Reckless" war es ein bisschen anders: Diese Geschichte hat ein sehr guter Freund für mich gefunden, Lionel Wigram. Er hat mir von dieser erwachsen werdenden Märchenwelt erzählt. Dabei hatte ich mich eigentlich auf ein paar ruhige Jahre eingerichtet. Aber plötzlich stecke ich wieder bis zum Hals in einer Geschichte, die Fortsetzungen will, die wächst und wächst und wächst und ganz groß werden will.

In einer Ihrer Geschichten verschwinden am Ende die Kinder in den Büchern, weil sie nicht mehr die echte Welt erleben wollen. Ist Lesen also gefährlich?

Ich glaube ganz bestimmt, das Lesen gefährlich ist – weil es so unendlich glücklich und Spaß machen kann, dass es manchmal im Übermaß genossen wird. Ein Buch kann den Leser vergessen lassen, dass er spannende Erlebnisse auch im wirklichen Leben haben kann. Er müsste sich diese nur auf andere Art und Weise verschaffen. Ich würde mir genauso viele Sorgen machen, wenn mein Kind immer nur liest und die echte Welt dabei verpasste, als wenn es gar nicht liest. Vielleicht würde ich mir da sogar ein bisschen mehr Sorgen machen.

Wie findet man beim Lesen das gesunde Maß?

Wie findet man das gesunde Maß beim Schokoladeessen? Manchmal muss man vielleicht eine Zeit lang das Mittelmaß verlieren und ganz besessen davon sein. Das Gute ist doch, dass wir schon irgendwann merken, wenn wir uns überfressen. Gerade beim Lesen aber wünsche ich jedem, dass er den Zauber des wirklichen Lebens entdeckt.

STECKBRIEF

Geburtstag:
10.12.1958

Wohnort:
Los Angeles

Cornelia Funke war nicht immer Autorin. Erst hat sie als Erzieherin in Hamburg gearbeitet und an der Universität Illustration studiert. Mit 28 Jahren fing sie an, nicht nur Bücher zu bebildern, sondern zu schreiben. Ihre Bücher „Drachenreiter", „Herr der Diebe" und die „Tintenherz"-Reihe wurden in viele Sprachen übersetzt. Ihr neuestes Buch heißt „Reckless".

 2 Suche dir andere Kinder.
Klärt gemeinsam:
- Was erfahrt ihr in dem Interview?
- Für Cornelia Funke sind Bücher „wie Schokolade".
  Findet die Stelle. Stimmt ihr der Meinung
  der Autorin zu? Begründet eure Meinung.
- Viele Bücher von Cornelia Funke wurden verfilmt, zum Beispiel „Tintenherz",
  „Hände weg von Mississippi", „Die wilden Hühner" oder „Herr der Diebe".
  Wie siehst du das Verhältnis von Buch und Film? Was denkst du darüber?

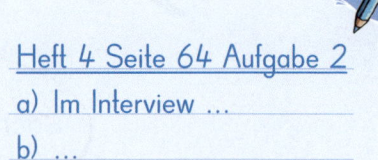

Heft 4 Seite 64 Aufgabe 2
a) Im Interview …
b) …

Wie bringt man Kinder zum Lesen?
Es ist immer ganz furchtbar, wenn ich bei Autogrammstunden gebeten werde, in die Bücher hineinzuschreiben: Lies ganz viel! Ich glaube, das ist der beste Weg, dem Kind die Lust am Lesen zu nehmen. Die wollen mit dem Buch ja nicht erzogen werden, sondern zunächst nur Spaß haben. Bücher sollen keine Medizin sein, die man Kindern verabreichen muss. Bücher sollten eher wie Schokolade sein. Die Kinder müssen sich aussuchen dürfen, ob sie die dunkle oder die helle Schokolade lieber mögen.

Wie lange schreibt man an einem Buch?
Immer länger. Ich habe in meinen Büchern so viele Ideen und Bilder schon benutzt, dass ich mir beim Schreiben sagen muss: Schau mal, diesen Konflikt, dieses Gefühl hast du doch schon in einem anderen Buch beschrieben. Das musst du doch jetzt nicht schon wieder tun. Ich muss mich auf die Suche nach Dingen machen, die ich noch nicht erzählt habe. Mein erstes großes Buch „Drachenreiter" habe ich in einem Jahr geschrieben. Das Buch „Reckless" hat zweieinhalb Jahre gedauert, obwohl es viel dünner ist. Das lag aber auch

daran, dass ich mit einem Engländer zusammengearbeitet habe. Wir mussten jeden Schritt erst übersetzen, bevor wir uns darüber den Kopf zerbrechen konnten. Auf diese Weise ist das Buch von mir auf Deutsch geschrieben worden, aber gleichzeitig schon in seiner englischen Übersetzung entstanden.

Haben Sie auch mal eine Geschichte nicht vollendet?
Das ist schon sehr lange her. Als ich angefangen habe mit Schreiben, habe ich zwei Geschichten nicht zu Ende geschrieben. Eine lief mir aus dem Ruder. Da hatte ich dann irgendwann das Gefühl, ich weiß nicht mehr, wo ich mit ihr hinwill. Und bei der anderen hat mir mein damaliges Lektorat so viele Änderungsvorschläge gemacht, dass ich dachte: Willst du das wirklich alles einarbeiten und sie weiterschreiben? Da habe ich Nein gesagt und es gelassen.

Die beiden Geschichten wollen nicht irgendwann fertig geschrieben werden?
Seltsamerweise nicht. Vielleicht, weil ich die Ideen daraus in anderen Büchern viel besser umsetzen konnte.

Ihre Bücher wurden zum Teil verfilmt. Würden Sie Kindern dennoch raten, lieber zuerst zum Buch zu greifen?
Es ist das Wunderbare, dass man mit einem Buch rund 16 oder 18 Stunden beschäftigt ist, sich dabei seine eigenen Bilder machen kann und die Feinheiten der Geschichte viel besser mitbekommt. Beim Film gibt es das Problem, dass die Geschichte in zwei Stunden erzählt werden muss und dadurch unheimlich viel verändert und gekürzt wird. Man kann den Figuren nicht in den Kopf gucken, so wie im Buch. Man kann nicht die Gedanken lesen oder was gerade in ihren Herzen passiert. Das muss der Schauspieler die ganze Zeit auf seinem Gesicht zeigen. Das klappt eben nicht immer. Manchmal denke ich allerdings: Es ist fast besser, erst den Film zu gucken, weil er nur eine kleine Geschmacksprobe ist – und dann zum Buch zu greifen.

Aber dann kennt man das Ende.
Das ist wahr. Das ist der große Haken dabei.

 3 Auf Seite 71 findest du ein Autorenlexikon. Dort kannst du Informationen über einige Schriftsteller nachlesen, deren Werke im Themenheft Lesen erwähnt werden.

Lies den Lexikonartikel zu Cornelia Funke und stelle die Autorin anderen Kindern vor.

Sie ist in Schweden geboren.

Das ist Astrid Lindgren.

8 Klappentexten Bücher zuordnen

1 Lies die Klappentexte aufmerksam durch.

a) Schreibe auf, was die sechs Bücher gemeinsam haben.

Heft 4 Seite 66 Aufgabe 1
a) Alle sechs Bücher ...
b) 2A, ...

Eigentlich soll Rico ja nur ein Ferientagebuch führen. Schwierig genug für einen, der leicht den roten Faden verliert – oder war er grün oder blau? Als er dann auch noch Oskar kennen lernt und die beiden dem berüchtigten Entführer Mister 2000 auf die Spur kommen, geht in seinem Kopf alles ganz schön durcheinander. Doch zusammen verlieren sogar die Tieferschatten etwas von ihrem Schrecken. Es ist der Beginn einer wunderbaren Freundschaft. …

A

Bei echten Helden kommt es nicht auf die Größe an! Hamster Neo hat Karate im Blut und Mut in den Pfoten. Egal, ob es um einen raffinierten Brieftaschendieb oder um einen gemeinen Fall von Trickbetrügerei geht – der kleine Karatehamster löst jeden Fall! Zum Glück stehen ihm seine Käfig-Mitbewohner Lee und Chan tapfer zur Seite und zeigen, dass richtige Abenteurer vor keiner Gefahr zurückschrecken, wenn sie das Hamsterherz am rechten Fleck haben!

B

Als Emma in den Sommerferien bei ihrer Großmutter Dolly auf dem Land ankommt, steht ein Geschenk für sie im Stall: Mississippi, die Stute des verstorbenen Nachbarn Klipperbusch. Emma kann ihr Glück kaum fassen! Es dauert jedoch nicht lange, und der unfreundliche Neffe von Klipperbusch will Mississippi unbedingt wiederhaben. (Und das, obwohl er Tiere nicht ausstehen kann und die Stute eigentlich dem Pferdeschlachter überlassen wollte.) Als auch noch ein mysteriöser Erpresserbrief auftaucht, beschließt Emma, der Sache auf den Grund zu gehen.

C

Warum hat Kalle Blomquist, der Meisterdetektiv, nur nicht das Glück gehabt, in London oder Chicago zur Welt zu kommen, wo Verbrechen an der Tagesordnung sind? Stattdessen lebt er in diesem langweiligen Kleinköping in Schweden, wo rein gar nichts passiert! Doch dann geschieht plötzlich ein Juwelendiebstahl und danach reißen die spannenden Fälle für Kalle und seine Freunde Anders und Eva-Lotta nicht mehr ab!

D

Emma ist elf Jahre alt, ziemlich klein für ihr Alter und eigentlich nichts Besonderes. Dachte sie bislang! Doch nachdem sie versehentlich einen ganzen Staatsempfang durcheinandergebracht hat, lässt Geheimdienstchef Ypsilon sie gemeinsam mit dem intelligentesten Mädchen und dem schönsten Jungen der Welt zur Geheimagentin ausbilden! Emma ist begeistert und stürzt sich mit Feuereifer in ihren neuen Job. Doch der wird bald gefährlicher, als Emma ahnt – denn Prinz Yarvis von Minimalien heckt einen fiesen Plan aus …

E

Zum ersten Mal darf Emil allein nach Berlin fahren. Seine Großmutter und seine Kusine Pony Hütchen erwarten ihn am Blumenstand im Bahnhof Friedrichstraße. Aber Emil kommt nicht, auch nicht mit dem nächsten Zug. Während Großmutter und Pony Hütchen überlegen, was nun geschehen soll, hat Emil sich bereits in eine aufregende Verfolgungsjagd gestürzt, immer hinter dem Dieb her, der ihm im Zug sein ganzes Geld gestohlen hat. Zum Glück bekommt Emil bald Unterstützung: von Gustav mit der Hupe und einer Schar gleichaltriger Jungen.

F

b) Ordne die Cover den Klappentexten zu.

2 Zwei der Bücher sind Kinderbuchklassiker, die wahrscheinlich schon manche eurer Eltern oder Großeltern gelesen haben. Schreibe die Titel und Autoren dieser Bücher auf.

Heft 4 Seite 67 Aufgabe 2
1 ... von ...
2 ... von ...

3 Überlege, aus welchem der Bücher dieser Textausschnitt wohl stammt. Schreibe den Titel und den Autor oder die Autorin auf.

Heft 4 Seite 67 Aufgabe 3
... von ...

„Da oben ist schon eine Kamera! Huhuhu!", schrie Santi und winkte zur Zimmerdecke hoch. Tatsächlich folgte von dort ein surrendes Metallauge jeder unserer Bewegungen. „GGDW heißt Geheimster Geheimdienst der Welt!", rief ich. In dem Artikel war die Rede davon gewesen, wie viele Steuergelder der GGDW verbrauchte, ohne Erfolge vorweisen zu können, die das viele Geld rechtfertigten. „So ein Quatsch", sagte Santi. Aber dann sah er mich mit großen Augen an, setzte sich und grübelte. Obwohl er sich dabei kratzte, sah er immer noch umwerfend aus. Ypsilon kam herein. „GGDW? Wofür steht das?", platzte Santi heraus. „Geheimster Geheimdienst der Welt selbstverständlich", sagte Ypsilon unschuldig. „Warum?" „Na bitte!" Ich verschränkte triumphierend die Arme. Ypsilon stellte uns in einer Reihe nebeneinander auf und räusperte sich. Wir starrten ihn erwartungsvoll an. Er sagte (und weil es so ungeheuerlich ist, schreibe ich das jetzt groß):

„IHR WERDET ZU GEHEIMAGENTEN AUSGEBILDET. IHR SEID DIE ERSTEN JUNIORAGENTEN IN DER GESCHICHTE UNSERES LANDES. HERZLICH WILLKOMMEN, KADETTEN!"

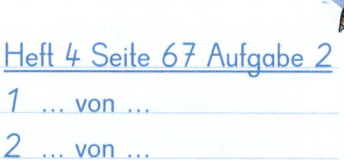

4 Wähle ein Buch aus, das du gerne lesen würdest. Begründe.

Heft 4 Seite 67 Aufgabe 4
...

8 Unterschiede von Film und Buch kennen lernen

 1 Lasse dir den Text von einem Partnerkind vorlesen. Erkläre dann, welche Schwierigkeiten auftreten können, wenn man ein Buch verfilmen will.

Um aus einem Buch einen guten Film zu machen, muss der Regisseur den Inhalt umgestalten. Denn ein Buch hat die Möglichkeit, auf vielen Seiten eine Geschichte ausführlich zu erzählen, mit Beschreibungen der Orte, der Personen und ihrer Gedanken. Der Leser kann sich Zeit lassen, sich eigene Gedanken machen oder die Lektüre auch immer wieder unterbrechen.
Ein Film dagegen muss in kurzer Zeit die gesamte Handlung abbilden. Für eigene Gedanken ist dabei keine Zeit. Ein Film muss die Geschichte mit Handlungen, Bildern, Musik, speziellen Effekten und vor allem Dialogen darstellen. Manche Szenen, die im Buch besonders schön oder wichtig sind, lassen sich mit filmischen Mitteln überhaupt nicht umsetzen.

Das Kinderbuch „Emil und die Detektive" von Erich Kästner erschien 1929. Es wurde als Buch und Theaterstück ein großer Erfolg. Es wurde in 27 Sprachen übersetzt und mittlerweile achtmal verfilmt. Die erste Verfilmung von 1931 gilt auch heute noch als einer der bedeutendsten deutschen Filme der frühen Tonfilmzeit, denn bis 1927 gab es nur Stummfilme, deren Vorführungen meist mit Klaviermusik begleitet wurden. Das erste Mal in Farbe kam die Geschichte 1954 ins Kino.

Wie alle Verfilmungen sind auch die „Emil und die Detektive"-Filme geprägt durch ihre Regisseure und Drehbuchautoren, aber auch durch die Zeit der Aufnahme. So hat die Regisseurin Franziska Buch im Jahr 2000 die Geschichte für die Verfilmung im Jahr 2001 an die heutige Zeit angepasst und stark verändert. Ob dies Erich Kästner wohl gefallen hätte? Schon 1931 ärgerte sich Kästner so sehr über das Drehbuch, dass es neu geschrieben werden musste. Regie führte damals der Regisseur Gerhard Lamprecht.

2 Ordne die Filmplakate den Jahreszahlen zu, die im Text genannt werden.

A

B

C

Heft 4 Seite 68
Aufgabe 2
A: *19*
B: ...
C: ...

3 Lies die Absätze aus Erich Kästners Roman von 1929.
Manche Wörter sind heute nicht mehr zeitgemäß.
Übersetze sie in unsere heutige Ausdrucksweise.

Heft 4 Seite 69 Aufgabe 3
Chauffeur: Taxifahrer
Droschke: …

Doch da saßen die Jungen
schon in einem anderen Auto,
und Gustav sagte zu dem Chauffeur:
„Sehen Sie die Droschke, die jetzt zum Prager Platz
einbiegt? Ja? Fahren Sie hinterher, Herr Chauffeur.
Aber vorsichtig, dass er es nicht merkt."

So ging es die Motzstraße entlang, über den Viktoria-Luise-Platz und die Motzstraße
weiter. Ein paar Leute blieben auf den Fußsteigen stehen, blickten dem Auto nach
und lachten über die komische Herrenpartie.

„Ducken!", flüsterte Gustav.
Die Jungen warfen sich zu Boden
und lagen wie Kraut und Rüben
durcheinander. „Was gibt's denn?",
fragte der Professor. „An der
Lutherstraße ist rotes Licht,
Mensch! Wir müssen gleich halten
und der andere Wagen kommt
auch nicht rüber."

Erich Kästner

1

ZWEITENS: Frau Friseuse Tischbein, Emils Mutter

Als Emil fünf Jahre alt war, starb sein Vater, der Herr Klempnermeister Tischbein. Und seitdem frisiert Emils Mutter. Und onduliert. Und wäscht Ladenfräuleins und Frauen aus der Nachbarschaft die Köpfe. Außerdem muss sie kochen, die Wohnung in Ordnung halten, und auch die große Wäsche besorgt sie ganz allein. Sie hat den Emil sehr lieb und ist froh, dass sie arbeiten kann und Geld verdienen. Manchmal singt sie lustige Lieder. Manchmal ist sie krank, und Emil brät für sie und sich Spiegeleier. Das kann er nämlich. Beefsteak braten kann er auch. Mit aufgeweichter Semmel und Zwiebeln.

4 Regisseure verändern nicht nur
die Sprache, sondern auch
den Inhalt, um einen Film der
heutigen Lebenswelt anzupassen.
Vergleicht die Texte 1 und 2.

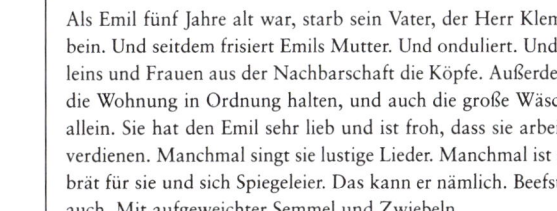

2

Emil und die Detektive

(Film, Schulkinowoche)
BRD • 2001 • Regie: Franziska Buch

Der 12-jährige Emil Tischbein lebt mit seinem allein erziehenden Vater in einer ostdeutschen Kleinstadt. Als sein Vater einen Autounfall hat und im Krankenhaus landet, seinen Führerschein und dadurch auch seinen Job verliert, schickt er Emil nach Berlin. Dort soll er mit der Pastorin Hummel und ihrem Sohn Gustav zwei Wochen seiner Ferien verbringen. Es könnte eine wunderbare Zeit werden, wäre da nicht der Gangster Grundeis, der auf der Zugfahrt Emils Ersparnisse klaut. Bei seinem Versuch, das Geld zurückzubekommen, erhält Emil überraschend Unterstützung von Pony Hütchen und ihrer Kinderbande. Ehe er sich versieht, ist er mit ihnen in halsbrecherische Abenteuer verstrickt …

Regisseurin Franziska Buch versetzt ihre Adaption des lebendigen wie zeitlosen Stoffes mitten in das quirlige Berlin der Gegenwart.

8. Sich über ein Buch informieren

> Um etwas **über ein Buch** zu **erfahren**, kann ich das **Cover** anschauen, den **Klappentext** lesen, aber auch im **Internet** surfen. Viele Informationen finde ich auf den Internetseiten von Verlagen und Buchhandlungen.

1 Betrachte das Cover und lies die Inhaltsangabe.

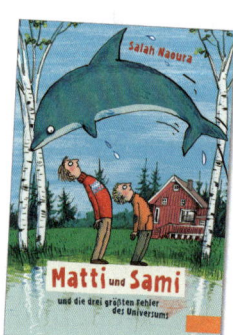

Der 11-jährige Matti träumt von einem Familienurlaub in der Heimat seines finnischen Vaters, was er mit einer faustdicken Lüge auch erreicht. In Finnland aber finden sich Matti, der kleine Bruder Sami und die Eltern auf einmal ohne Bleibe, Geld und Auto mitten in der finnischen Einöde wieder. Nur ein Wunder kann sie retten – oder Onkel Jussi, der aber mit Mattis Vater in lebenslanger, brüderlicher Konkurrenz verstrickt ist. Ein sommerleichter Roman für Kinder, der durch seinen Wortwitz besticht. Und das ist nicht mal gelogen …

2 Lies nach, wie einige Kritiker das Buch beurteilen. Begründe dann, ob du das Buch gerne lesen würdest oder nicht.

Heft 4 Seite 70
Aufgabe 2
Ich würde das Buch
„Matti und Sami"
von …

Presse-/Leserstimmen

„Das ist, neben den vielen Überraschungen, dem liebevollen und dem staubtrockenen Humor, das Schönste an diesem Buch: Es hat viele Themen. Es ist eine wunderschöne Vater-Sohn-Geschichte, eine Familiengeschichte, eine Geschichte über das Lügen mit all seinen Vor- und Nachteilen und vor allem eine Geschichte über den Mut, etwas Neues zu wagen. Und damit ist es eine Geschichte wie das Leben – das hat ja auch mehr als ein Thema." *Aus der Jurybegründung zum Luchs des Monats August 2011, Die Zeit/Radio Bremen*

„Dem Autor Salah Naoura ist das Kunststück gelungen, ein schmales Buch mit sehr viel Leben zu füllen." *Frankfurter Rundschau*

„Ein sehr amüsantes und liebevoll erzähltes Buch vom Flunkern, das kürzlich eine wichtige Auszeichnung, den Peter-Härtling-Preis, gewonnen hat." *Dein Spiegel*

„Naouras moderner Schelmenroman ist mit seinem pippilangstrumpfhaften ,Ich mache mir die Welt, wie sie mir gefällt' ein großes Vergnügen, (…)" *Frankfurter Allgemeine Zeitung*

3 Schreibe selbst eine Leserstimme zu deinem Lieblingsbuch.

> Buchbeurteilungen findest du auch im Internet oder in Kinderzeitschriften.

Heft 4 Seite 70
Aufgabe 3
…

Autorenlexikon

Funke, Cornelia (* 10.12.1958)

Cornelia Funke wurde in Dorsten (Nordrhein-Westfalen) geboren. Als Kind wollte sie Astronautin oder Pilotin werden oder zu den Indianern ziehen. Nach dem Abitur arbeitete Cornelia Funke in Hamburg auf einem Bauspielplatz. Nebenher studierte sie Buchillustration. So kam sie mit 35 Jahren selbst zum Schreiben und verfasste 1988 ihr erstes Buch „Die große Drachensuche". Mit dem Buch „Herr der Diebe" gelang ihr international der Durchbruch. Inzwischen wurden ihre Kinder- und Jugendromane mittlerweile in 37 Sprachen übersetzt. Seit 2002 lebt Cornelia Funke mit ihrer Familie in Los Angeles, USA.

Weitere Werke: *Die wilden Hühner; Tintenherz; Drachenreiter*

Guggenmos, Josef (* 02.07.1922, † 25.09.2003)

Josef Guggenmos war einer der bedeutendsten deutschen Autoren. Er wurde im Allgäu geboren. Sein Vater war Pfleger in einem Benediktinerkloster und seine Mutter war Schneiderin. Neben seinen vielen Gedichten verfasste Josef Guggenmos Geschichten und naturkundliche Bücher für Kinder. 1967 schrieb er den Gedichtband „Was denkt die Maus am Donnerstag". Dieses Buch machte ihn berühmt und er erhielt dafür den Deutschen Jugendbuchpreis. Viele weitere Preise folgten.

Weitere Werke: *Die Tiere feiern Karneval; Leselöwen-Rätselgeschichten*

Kästner, Erich (* 23.2.1899, † 29.7.1974)

Erich Kästner wurde in Dresden geboren. Weil das Geld bei den Kästners oft knapp war, vermietete die Familie zwei ihrer drei Zimmer an Untermieter. Das war für den kleinen Erich ein Glücksfall, denn fast alle Mieter waren Lehrer und gaben ihm Bücher zu lesen. Schnell zeigte sich, dass er sehr begabt war. Er beschloss, selbst Lehrer zu werden. Doch ein sehr strenger Lehrer, wie es damals üblich war, wollte er nicht sein. In seinem Werk „Das fliegende Klassenzimmer" setzt er den verständnisvollen Lehrern ein Denkmal. So wäre er gerne selbst als Lehrer gewesen. Im Juli 1974 starb Erich Kästner in München.

Weitere Werke: *Das Schwein beim Friseur; Pünktchen und Anton; Das doppelte Lottchen*

Lindgren, Astrid (* 14.11.1907, † 28.1.2002)

Die wohl bekannteste Kinderbuchautorin der Welt wurde in Schweden geboren. Sie hat über 70 Kinder- und Jugendbücher geschrieben, die in 60 Sprachen übersetzt wurden. Als ihre Tochter Karin einmal krank war, erzählte sie ihr von Pippi Langstrumpf. Später schrieb sie die Geschichte auf. Die Bücher über Michel aus Lönneberga haben ihr am meisten Spaß gemacht. „Als ich das letzte Kapitel schrieb, habe ich geweint. Es war ein schreckliches Gefühl, dass ich Michel nie mehr wiedertreffen sollte." Für ihre Werke erhielt sie zahlreiche Literaturpreise. Sogar ein Weltraum-Asteroid erhielt ihren Namen.

Weitere Werke: *Ronja Räubertochter; Ferien auf Saltkrokan; Wir Kinder aus Bullerbü; Karlsson vom Dach; Die Brüder Löwenherz*

Steinhöfel, Andreas (* 14.01.1962)

Andreas Steinhöfel wuchs in Hessen auf. Eigentlich wollte er Biologie- und Englischlehrer werden. Zum Schreiben kam er, als er ein Kinderbuch gelesen hatte, das ihm gar nicht gefiel. Kurzerhand beschloss er, selbst ein Buch zu schreiben. Heute schreibt er nicht nur tolle Kinder- und Jugendbücher, sondern auch Drehbücher, wie z. B. für den „Käpt'n Blaubär Club", für einige Folgen von „Löwenzahn" oder für Folgen von „Urmel aus dem Eis". Viele seiner Bücher wurden verfilmt oder an deutschen Theatern gespielt.

Weitere Werke: *Rico, Oskar und die Tieferschatten; Die Mitte der Welt; Froschmaul*

Einsterns Schwester 4

Grundschule Bayern

Themenheft 4
Lesen – mit Texten und
weiteren Medien umgehen

Herausgegeben von:	Roland Bauer, Jutta Maurach
Erarbeitet von:	Marion Bauer, Neuburg an der Donau
	Karin Leopold, Erding
Auf der Grundlage der Ausgabe von:	Wiebke Gerstenmaier, Sonja Grimm
Unter Beratung von:	Enno Hörsgen, Langerringen;
	Dr. Klaus Metzger, Gersthofen;
	Dr. Helga Rolletschek, Brunnthal;
	Prof. Dr. Angelika Speck-Hamdan, München
Redaktion:	Anemone Fesl
Illustration:	Yo Rühmer, Frankfurt am Main
Umschlaggestaltung:	Cornelia Gründer, agentur corngreen, Leipzig
Layout und technische Umsetzung:	lernsatz.de

www.cornelsen.de

1. Auflage, 4. Druck 2022

Alle Drucke dieser Auflage sind inhaltlich unverändert
und können im Unterricht nebeneinander verwendet werden.

© 2016 Cornelsen Schulverlage GmbH, Berlin
© 2021 Cornelsen Verlag GmbH, Berlin

Druck: Athesiadruck GmbH

ISBN 978-3-06-083609-3 (Schülerbuch)
ISBN 978-3-06-081802-0 (E-Book)

Dieses Heft ist Bestandteil des Pakets „Einsterns Schwester 4" (ISBN 978-3-06-083606-2) und kann auch einzeln bestellt werden.